［ダッドガレージ スタイルブック］ビジネスマンのための子育てガイド

Dad-Garage™

Style Book

はじめに

子どものいる三十代・四十代の男性を対象とした、「子育て意識・実態」の調査結果がある。そのデータによると、全体の五十三％が「子育てで後悔していることがある」というのだ。「後悔していることの理由（複数回答）」の一位には、「配偶者に頼りすぎた」（四十九％）があげられ、二位以下を大きく引き離している。【㈱オーエムエムジー「子どものいる三十代・四十代既婚男性の子育て意識調査」より】

自分の子どもでありながら、その子育てを母親まかせにしてしまい、**父親として子育てに参加しなかったことを後悔している父親が、およそ四人に一人の割合でいる**というのだ。

この数字をどのように読み取るかは、人それぞれだろう。私は、「父子で過ごすという貴重な時間に対して、私たちはもったいないことをしているのかもしれない」と感じた。と同時に、あらためて「ビジネスと同様に、子育ては父親としてとても大切な仕事だ。できるだけ後悔を残したくない」とも思った。

確かに子育て期にある父親といえば、それまでと比べ、仕事上の責任も急激に重くなっていく年齢であり、家族との時間、子どもとの時間を作ることは大変だろう。私自身がそうであるから、よくわかる。しかし、それでも、私は子どもとの時間をできるだけ持ちたいと思う。子どもの成長を応援し、日々の感動を共有したいと願っている。近頃では、「子育てという貴重な体験を与えられたことに感謝したい。どうしたら子どもとのよりよい関係を築けるだろうか。どうしたら、我が子に豊かな人生を生きるチカラを身につけさせてあげられるだろうか」と強く感じるようになった。

ふとまわりを見渡せば、私と同じような思いの父親が数多くいた。父親としてもっと子育てに関わりたい。子育ての重要性を感じている。でも、**父親として、一体どうしたらいいのだろうか？** そんな思いを抱いている父親たちが……。

そこで、私は、ビジネスマンであり父親である彼ら（私自身も含め）を応援・サポートする活動として『子育て父さんの幸せ研究所・Dad-Garage』を立ち上げた。「Dad」とは、文字通り、父親。「Garage」は、アメリカ映画などで見られる、あのガレージである。ガレージには、父親の生き方が詰まっている。そこには、父親のお気に入りのクルマがあり、ピカピカに磨かれたバイクがある。壁には、何本かの釣竿が掛けられている。ハンマーやスパナ、電動のこぎりなどの大工道具が置かれている。野球のグローブとミットがある。そして、目には見えないけれど、父親のやさしさやぬくもりがそこにある。そのどれもが、いつの日か、父親から子どもへと受け継がれていく生きるチカラなのだ。母親とは異なる、父親ならではの生き方、精神が子どもたちに伝えられていくのだ。

今回、『子育て父さんの幸せ研究所・Dad-Garage』の活動の第一弾として、『Dad-Garage Style Book』を出版することとなった。

この本は、ビジネスマンであり、父親である、あなたのための子育て本である。私たちと同じくビジネスと子育ての最中にあるトップビジネスマンに、本音の子育て話をお聞きした。教育のプロである方に、じっくりと父親へのアドバイスを尋ねた。長年、子育てサークルを運営されている方に、経験に基づく確かなお話を拝聴した。そして、アウトドアをはじめ、子育ての具体的なアクションガイドとして、多くの企業にご賛同をいただき取材させていただいた。

どのページを開いても、ビジネスマンであり父親であるあなたにとって、得るものが多いはずである。ぜひ、読んでいただきたい。そして、**あなたとあなたの子どものために、できることから、何かひとつ実践していただきたい。**

そして、この本をきっかけに、父子の間にひとつでも多くの笑顔が交わされたとしたら、『Dad-Garage Style Book』編集人として、これほどの喜びはない。

『Dad-Garage Style Book』
編集人
Dad-Garage代表
山本秀行

Dad-Garage Style Book
ビジネスマンのための子育てガイド
目次

Dad-Garage
INTERVIEW

週に二時間は、何があっても子どものことを最優先に考える

ワタミ（株）代表取締役社長
渡邉美樹

胸を張って『これが好き』と言えないお父ちゃんはカッコ悪い

（株）海洋堂 代表取締役
宮脇修一

どうせ子どもと遊ぶなら、大人も真剣に楽しむべき

（株）博品館 代表取締役専務
伊藤博之

子どもを幸せにするための哲学

ワタミ（株）代表取締役社長 渡邉美樹

Dad-Garage INTERVIEW

――ご著書の『父と子の約束』を拝見して、非常に感銘を受けました。それで、ぜひこの人のお話をうかがいたいと思ったんです。

まず、この本を執筆されたきっかけは何だったのですか？

私は今、ワタミ（居食屋チェーン「和民」などを展開）の社長のほかに、私立の郁文館《いくぶんかん》学園という中学・高校の理事長兼校長もやっています。

それで、年に数回、ご父兄の方々にお集まりいただいて、お話をすることがあるんですよ。そのときによく聞かれるのが、「学校の運営方針はわかったけど、なぜ渡邉校長はそんなに自信を持って語れるのか？みんな迷ったり悩んだりしながら子育てしているのに、渡邉校長自身はどういうふうに子育てをしてきたのか？」ということなんですね。

それから、ワタミで働いているアルバイトの若い学生さんなんかを見ていても、非常に不安を感じることがある。そういう子の親たちに対してもメッセージを送りたい、ということで、ああいう本を書きました。

――本の中に「父子《おやこ》塾」ということが出てきますね。長男の方が六歳、次男の方が四歳のときに始められたと。これを始められた目的は、どういうものだったのでしょうか？

実際には、子どもがゼロ歳のときから始めてはいたんですよ。要するに、週二時間は、何があっても子どものために使うということ。その時間だけは子どものことを最優先に考えて、子どものことしか見ない。

だから、ゼロ歳のときでも、絵本を読んであげるとか、歩けるようになったら公園に連れていって歩かせるといったことをやっていました。それを、子どもが六歳と四歳になったのを機に、「父子塾」という形にしたということなんです。

なぜ父子塾を始めたかというと、子どものために必要だと思ったからです。子どもに幸せになってほしかったから。

親であれば誰でも、子どものことはやはり愛していると思うんです。ただ、その愛し方、愛情の表現方法がわかっていないのではないかと。

たとえば、お母さんが、子どもが大切だから、できることは何でもやってあげようとする。だけど、何でもかんでもやってあげることで、子どもの自立の芽や感性のアンテナを摘んでしまう。

あるいは、お父さんが、会社を休んで、子どもとずっと一緒にいようとする。本当はお父さんの別な面を見せてあげることも教育なんだけど、仕事を休んでしまうことで、それができなくなる。つまり、これらは子どもに対する教育ではないわけです。

父子塾を始める前から、私のスタンスとしてあったのは、まず父親というのは背中を見せて教育するものだと。だから、生き方、生き様を見せなければいけない。

その生き様を語る場として、それから子どもたちの成長に応じたアドバイスをするための場として、父子塾というものを始めました。

――そのとき、お母さんも一緒に、つまり父子塾ではなくて家族塾にしなかったのはなぜなんでしょうか？

母親は三百六十五日・二十四時間、子どもと一緒にいます。常に子どもと接していて、いろいろなことを教えているわけです。

そこで、母親が子どもたちにどういうことを教えているかも、私はよく知っています。それを踏まえることで、父子塾の二時間、一番効果的なところをピンポイントで攻撃することができるんです。

――そのお話は、お父さんとお母さんのコミュニケーションがうまくいっているということが前提ですね。

そうですね。もしそれがないと、とても子どもの一週間を二時間で把握することはできませんから。

ワタミ株式会社
代表取締役社長

渡邉美樹

子どものことしか見ない時間を作る

Dad-Garage
INTERVIEW

母親から私が聞いていることを、子どもは別の形で表現してきます。そこで初めて、総合的に事実が見えてくる。そういう意味で、母親、つまり私の妻との連携プレイがなければ、この父子塾は成立しないでしょうね。

――世の中のお父さんにも、父子塾をお勧めしたいですか？

それはもちろん絶対にお勧めしたいですが、少し問題もあります。

お母さん方は、この本を読んで、いいと言ってくれるんですよ。一方で、お父さんたちは、結構困ってしまうようなんですね。というのは、たぶん、この二時間というものがイメージできないからなんです。

父親の側にしっかりした哲学がないと、子どもの行為を肯定することも否定することもできません。哲学というのは、たとえばこの本でいう「父と子の約束事 五ヶ条」というのがそれです。

また、子どもに対しては、目標を設定させて、それを追わせていくということをやっている。夢というのは現実を変えることだということを、日々、教えているのです。その一方で、父親が家でのんびりテレビ見てビール飲んでたら、子どもに対して説得力がありませんよね。もちろん、お父さんは昼間は会社で仕事していてがんばっているんですけど、子どもにはその部分は見えていない。そこが、昔の職人などとは違って、現代のサラリーマンのつらいところですよね。

もう一つ、父子塾では、本を読ませてその要約と感想を言わせるということをやっているんですが、自分自身がたくさん本を読んでいないと、子どもに勧めることはできません。映画も同じで、自分自身がたくさんいい映画を観ている必要がある。

そういうことを考えると、父親にとって、こういう二時間というのは、実は自分への挑戦なんです。問われているのは、子どもではなく、父親自身なんですよ。

――本の中で、「父として大事なことは喋り続けること」という部分も、非常に印象的でした。

世のお父さんは、子どもが理解できないと思うようなことはまず話さないだろうし、一緒にいても、なかなか喋り続けるということはできないのではないかと思うのですが。

それは、喋ったとき、相手が理解しているかどうかという、効果をまず見てしまうからですよね。私は、費用対効果とか時間対効果といったことを測るのは、ビジネスだけで十分だと思うんですよ。

その対象のためにただひたすら話し続け、ただひたすらアクションし続けることが、私は教育だと思っています。

話し続けるというのは、別の言葉で言うと祈りなんですよ。祈るような気持ちで話し続けて、結果は求めない。そこまでやらなければ、子どもの魂は動かないですから。

――それをやり続けられるのは、父親だからこそですよね。

確かにそうですね。愛情があればこそ、できることだと思います。ただ、私は自分の学校では、それを先生にも求めているんです。生徒たちに、親以上の気持ちで接してほしいということを、いつも言っているんですが。

「何が幸せか」という哲学を持つことが重要

喋り続けるということは祈ることなんです

—そういった部分の思いというのは、ビジネスについても共通するのではないかと思いますが……。

同じですね。学校も、ワタミという会社も、教育という部分では同じだと思っています。そして、教育というのは、要するに環境を作ることときっかけを与えることだと思うんですね。

父子塾の二時間というのも、やはり一つのきっかけ作りです。これは、いわば、彼らのスイッチをオンにするための時間なんですよ。一週間のうちの、この二時間以外の時間というのは、彼らの時間、彼らが勝手に成長する時間です。

私の仕事は何かというと、彼らがオンになったとき、それを生かせるだけの環境を整えてあげることなんです。これは学校も同じ、会社も同じですね。

子どもや社員を教育するということは、決して私が育てるということではありません。子どもや社員は勝手に育つんです。反対に、本人に育つ意思がない限り、親や周りがどんなことをやっても育ちません。

—最後に、今、三十代・四十代の忙しいお父さんたちに対して、何かアドバイスをお願いできますか？

何をもって幸せか、ということを、親がまず哲学として持つことでしょうね。

いい高校、いい大学にいくことが幸せだと思っている親が多い。でも、それが幸せだと考えてしまうのは、非常に小さな哲学だと思います。

今、自分の学校の生徒たちには、「いい大学に行くための勉強は絶対にするな」ということを教えています。まず、「よい社会人になれ」と。そして、よい社会人とは何か、幸せな人生とは何かということを、まず考える。親がそういう哲学を持たない限り、子どもは幸せにはなれないんです。

子どものことだけじゃなくて、政治や社会に対する視点でも同様です。たとえば、環境問題や老人介護の問題について、それぞれが哲学を持っているかどうか。

親が社会に参加していること、社会で戦っていること。子どもと向き合ううえでも、そのことがすべての原点なんですよ。だから、子どもの面倒を見たいから社会人としては一回休みにする、なんていうのは無責任な話なんです。

そういう部分でも、まず親が哲学を持っていることが、何よりも重要だと考えています。

父と子の約束事五ヶ条

自分だけの大いなる人生を、勇気と希望と誇りを持ち、力強く歩き続けなさい

一、約束を守れ、嘘はつくな
一、愚痴、陰口を言うな
一、笑顔で元気よく挨拶せよ
一、他人の喜び、悲しみを共有せよ
一、正しいと思い、決めたことは、あきらめずに最後までやり遂げよ

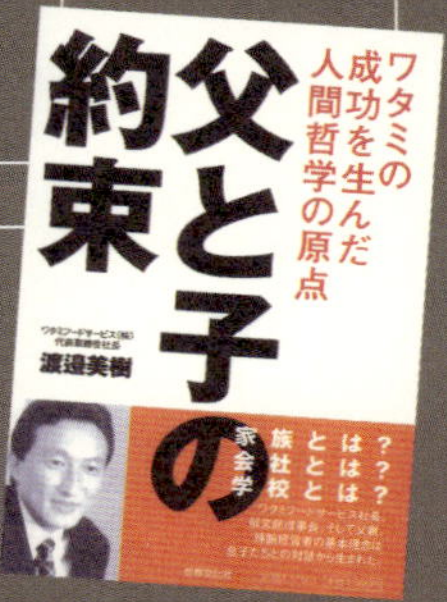

フィギュアの伝道師が説く「悪のお父さん道」

(株)海洋堂 代表取締役 宮脇修一

Dad-Garage INTERVIEW

――六歳の女のお子さんがいらっしゃるそうですが、お子さんを育てられていくうえでの、基本方針のようなものはありますか？

私は悪いお父さんを目指してるんで（笑）、悪のお父さん道を勧めてしまうことになりますが、よろしいんでしょうか？

まず私自身、おもちゃや模型が仕事であると同時に、趣味でもあるわけですね。プライベートでも、毎週休みになったらおもちゃ屋さんいったり模型屋さんいったり……。だから、子どもには、とにかくおもちゃ好きになってもらおう、というのをテーマにしてます。

だいたい、ええ年した大人が特撮とかアニメとか映画のキャラクターを真剣に語るなんていうのは、以前は恥ずかしくてできなかったことなんです。ところが最近ではそういうオタク大人が増えてきて、私らなんかはそれを商売にしてる。昔はオタクはファミリーなんか持てなかったんですが（笑）、今ではオタクも家庭が持てるようになってきて、私自身もそうなんですが、子どもまでできてびっくりしてる状態で。

で、私の周りを見てると、そういう自分の趣味を奥さんや子どもに理解されなくて、虐げられてる人が結構多いんですな。ちょっと出張してる間に、せっかく集めたフィギュアのコレクションを捨てられてしまったり、子どもに「お父ちゃんええ年こいてこんなん作るなよ」とか言われたりね。だから、まず家族に、その面白さ、楽しさを理解してもらうことが大切。「おまえらもっとしっかりせえよ」と言いたいですね。

特に私の場合、その面白さを世間に広めていくことが商売ですから、まず身内を固められへんかったら、よその人に伝えられるわけもない。うちは幸いにというか、子どもには不幸かもしれんけど、家内もおもちゃ好きなんで、一所懸命、子どもにおもちゃ好きになれ、模型好きになれ、と暗示をかけているところで……（笑）。

――作戦は順調ですか？

順調すぎて困ってるぐらいです（笑）。家族揃っておもちゃ好きなんで、大きなおもちゃ屋さんにいくと、カートがいっぱいになるまでおもちゃを買って。今は、お人形さんをそこらじゅうに並べて、勝手にストーリー考えて遊んでます。

どんどん与えてるので、ちょっと熱しやすくて冷めやすいところはあります。こっちも与えすぎてるのはわかってるんで、よくないかなあとは思いつつも、まあええかと。

やるからにはとことん、というのはありますね。習い事もいいでしょうが、とにかくどこか一ヶ所だけ、人よりも秀でているところがあれば、と思ってます。それがおもちゃ好きということでも、世界一のおもちゃ好きになってくれればええと。だから、ことおもちゃに関しては制約は設けてないんですが、そういうおもちゃばっかりじゃなくてこういうのもあるよ、というふうに仕向けたりはしてます。

――ご家庭の中で、父親として、奥様との役割分担のようなものはありますか？

うーん、本当は厳格なところもないといけないんでしょうが、正直、思いきり娘を叱りつけたことはないんですよ。しつけとかは全部母親に任せて、父親はいい役専門で、家内には怒られてますが（笑）。

ただ、母親とは違う距離感というのは感じてるらしくて、これをしたらあかんで、という決めの一言に対しては、逆らわれたことはまだないですね。たまに会社とか、フィギュア関連のイベントとかにも連れていったりするので、そういうところで父親がどういう立場かというのは見ていて、空気は読めているようです。私は家でも会社でもこんな調子なんですが、そこは意識して、変わらないように務めています。

そういう自分の生きざまを子どもに見せることが、大切なんじゃないかと考えてます。

株式会社海洋堂
代表取締役

宮脇修一

おまえらカミングアウトせいよ

――でも、世の中のお父さんは、なかなかそうはいかないでしょうね。

確かにそうですね。私自身も、父親がずっとプラモ屋をやってて、そういう中で育ってきたんですが、若い頃から店のスタッフと一緒に準備をやったり催し物をやったりして、父の店のやり方とかも見てきたわけですよ。で、その結果として、今の私があると。

子どもにとっては、どんな理屈より、その目で見てもらうのが一番わかりやすいですからな。別にあとを継いではしいということではなくて――まあそうなったらそうなったでいいんですが――お父ちゃんのやっていることを理解してもらいたい。できればその楽しさもわかってもらいたいと思ってます。さっきも言いましたが、本当に世の中、かわいそうなお父ちゃんが多いんで(笑)。

――最近では、「おもちゃ」全般の中でも「フィギュア」というジャンルが確立して、フィギュアの市民権も得られてきたように思えますね。

確かに、私らが子どもの頃は、お人形さんで遊ぶということ自体が少なかったんですよ。もともと日本では、リアルな人形は、博多人形でも雛人形でも五月人形でも、飾っておくためのものであって、手にとって一緒に遊ぶという文化ではなかったんですね。つまり、フィギュアではなくて、ドールしかなかった。

日本の遊びというのは昔から二次元の文化みたいなところがあって、メンコなんかもそうですね。子どもが遊べる立体物というのがあまりなかった。で、そういうリアルな立体物を提供するのが、今の私らの仕事なわけです。たとえば、動物や昆虫、恐竜とかのフィギュアを見せて、そこから本物に興味を持たせたりとか。いうなれば立体教材みたいなもんですね。

日本の二次元文化といえば、マンガなんかその最たるもんですな。アメリカではコミックなんて大人の読むものとして認められてないし、アメコミにしても、筋肉までリアルに描かれていて、日本のマンガとは別もんです。ところが日本では、手塚治虫の時代から、ああいう大きな目玉のキャラクターが受け入れられていた。立体的に考えたらちょっと変で、あれこそ二次元ならではという感じでしょう。私らはそれをカッコよく三次元にして、子どもらに遊んでもらえるようにしたわけですが。

――今、三十代・四十代のお父さんたちに向けて、何かおっしゃりたいことはありますか?

そのあたりのお父ちゃんたちって、まだちょっと照れてるんじゃないでしょうか? おまえらカミングアウトせえよ、と言いたいですね(笑)。好きなもんは好きでええやないかと。

フィギュアもそうやけど、特撮とかアニメとか、ちょっと前までは「子どもの趣味」と思われていたものを好きな大人って、今は多いと思いますよ。まあ、幼稚な大人が増えてるのかもしれんけど(笑)。

――それでは、海洋堂の代表取締役というお立場で、会社で人材を育てるということと、子どもを育てることには、何か共通するところがありますか?

海洋堂というのは、実は人を育てるのは苦手な会社なんですよ。

八十年代前半に私らがこういう仕事を始めたときには、まだスタッフにもそんなに天才的才能のある者は少なかったんですが、だんだん、そういうことを好きなやつが集まってきた。好きというのは、た

世界征服を企んでいます

何か一つ好きになれれば勝ったも同然

とえばアニメであったり戦車であったり、怪獣、恐竜、動物、あるいは美少女であったり……。まず好きなものがあって、自分が好きなものを作る。そうすると、たとえ才能はそれほどでなくても、何とかなってしまうんです。つまり、まず大事なのが、何かを好きになれるという才能ですね。

私らがやるべきことは、そういう人たちが居心地のいい場所を作ってあげること。人を育てるわけじゃなくて、好きな人を集めて、好きにさせる。あとは勝手に、そういう連中が互いに共鳴し合ったり競争し合ったりして、現在の海洋堂の、ある種自由なモノづくりのスタイルができ上がってきたんです。

たとえば、うちにボーメくんという造形師がいるんですが、彼なんかは、毎日定時の九時から六時まで仕事をして、その後も深夜の二時ぐらいまで仕事をしてる。それで、土曜や日曜は、イベントに出す自分の作品を作るために、やっぱり会社にきて作業している。誰にやれといわれたからじゃなくて、自分が好きだからやってるんです。彼は今や海外でもアーティストとして評価されてますが、好きだからこそ、そこまで到達できたんです。

私は結構、勝ちか負けかという言い方にこだわっているところがあるんですけど、自分の子どもに対しても、何か一つ、これだけは、という好きなもんを持ってほしいと思ってます。それはまずおもちゃでしょうし、そこからものを作ったり絵を描くことにいくかもしれませんけど、何でもいいんですよ。何か一つ好きなものを見つけてくれれば、それでもう人生勝ったも同然だと思ってます。

——ものを好きになるという能力が大切だということですね。

そう。もちろんこれはおもちゃに限らず、世の中、何でもそうだと思いますよ。たとえば、野球が好き、本が好き、映画が好き、とか。別に酒好きでも女好きでもええと。後は、いかにその好きを突き詰められるかが問題なんです。

自分の子どもに何かを本気で好きにさせたいと思ったら、お父ちゃん自身が、まず自分の好きなものに熱中してるところを見せなあかんと思いますよ。「お父ちゃんは何が好き？」って聞かれたときに、何か一つこれって胸を張って言えるもんがないと、カッコ悪いですよ。

——宮脇さんのお子さんだったら、きっと相当なおもちゃ好きになるでしょうね。

そうですね。ただ、もう一つ、私の憧れとしては、少女マンガでヒロインをいじめるような、悪役タイプの女の子になってほしいというのがあって(笑)。運転手付きの車で学校に乗り付けるようなお嬢様で。傲慢で高慢ちきで、絵に描いたような悪役の女の子になってくれると最高なんですが(笑)。

それから、悪役ということで言うと、私は昔から世界征服というのに憧れてるんですよ。特撮に出てくる悪の秘密結社は、世界を征服してどうしたいのかようわからんけど(笑)、うちの場合ははっきりしてます。

つまり、大英博物館とかスミソニアン、ルーブルといった世界の主要な博物館すべての土産物コーナーに、海洋堂のフィギュアを並べること。それができたら、悪の秘密結社・海洋堂が世界を征服したと言ってもいいんじゃないかと思ってます。

おもちゃは「人生の必需品」

(株)博品館 代表取締役専務 伊藤博之

Dad-Garage INTERVIEW

——毎日お忙しいとは思いますが、そうした中で、お子さんとの時間はどのように作られていますか？

私はいつも帰りが遅いんですが、どんなに遅くなっても、朝は子どもと一緒に起きるようにしています。うちの子は二人ともまだ幼稚園に上がる前なんですが、起きるのが早くて、朝六時半にはもう起きてるんですよ。

私の場合、朝は比較的ゆっくりでいいので、十時過ぎぐらいまで子どもと過ごしています。

朝食を食べて、あとは一緒にテレビを見たり、おもちゃで遊んだり……こういうコミュニケーションの時間は大切ですね。

最近、上の子はジグソーパズルに凝っていて、クリスマスツリーのパズルをクリスマスイブまでに完成させようと（編注・このインタビューが行われたのは十二月）、毎日少しずつやっています。もちろん、私がやったらすぐに完成しちゃうんですが、本人が一所懸命やっているので、そこは手を出さないように……。

——お休みの日はどうですか？

よく、「休みの日になると家族サービスしなくちゃいけない」みたいなことを大変そうに話す人がいますが、そういうのは嫌いなんです。家族と一緒に過ごすのは、義務感で仕方なくやることじゃないだろうと。私にとっては、子どもと一緒に過ごすのは非常に楽しいことなので。

子どもといると、毎日新しい発見がありますよね。一緒に公園へいっても、たとえば昨日まではジャングルジムの二段目までしか登れなかったのが、今日はその上までいけるようになったりとか。

一日一日、子どもの成長が見て取れるのは、やはり楽しいですよ。

——ご家庭における、父親と母親の役割分担のようなものはありますか？

私は本当に子どもと遊ぶだけなんで、家内から見たらいいとこ取りって思われてるかもしれないですね。ただ、遊ぶということに関しては、できるだけいろいろなところに連れていってあげるようにしています。

私の知り合いにおすし屋さんがいまして、その人は、自分の子どもに、自分の店のおすしはもちろん食べさせるんですけど、ほかのお店にもいろいろと連れていって食べさせてるんですね。それは、子どもに、いろいろなおすしの味の違いをわかるようにさせたいからということで。

そういう意味でいうと、私の場合は、おもちゃももちろんそうだし、劇場とかエンターテインメント全般も含めて、いろいろなものを見せたり経験させたりしたいと思っています。具体的には、映画とか、動物園とか、サーカスとか。あるいは自分の趣味ですが、サーキットとか競馬場にも連れていっています。

そういうふうにいろいろなことを経験する中で、これは面白いとか、世間では流行ってるけどこれはそれほどでもないとか、そういう自分なりの価値観を持ってくれるといいなとは思っています。

——ご自身が何かを楽しんでやっているところを、お子さんにも見せてあげるのはいいことですよね。

もう一つ、まだちょっと子どもは危なくて連れていけないんですけど、私にはクレー射撃という趣味もあるんです。学生時代には全日本のチャンピオンにもなって、一時は本気でその道に進みたいと思ったこともありました。

将来はぜひ子どもと一緒に射撃をやりたいと思ってるんですが、できるようになるのは十八歳からなので、まだかなり先の話ですね。無理にやらせるつもりはありませんが、自分で興味を持ってやってくれるのなら、いろいろと教えてあげたいとは思っています。

株式会社博品館
代表取締役専務

伊藤博之

サーキットや競馬場にも 連れていきます

Dad-Garage INTERVIEW

子どもと真剣に遊ぶお父さんが増えています

―お父さんとして、お子さんのしつけに関する部分で、何かされていることはありませんか？

あえて一つ言うと、靴磨きはさせてますね。別に無理にやらせているわけじゃないんですけど。

私の通っていた小学校が、自分で靴を磨かなければいけないっていう学校だったんです。それで、自分で自分の靴を磨くのが習慣になってまして、靴がピカピカに光ってないといやだったんですね。

で、私が朝、磨いているところを見て、子どもが自分からそれを手伝ってくれるようになって。それから、私の靴とか、妻の靴も磨いてくれるようになりました。

銀座・博品館は、劇場やレストランも備えた「おもちゃの百貨店」。

―今度は、父親としてではなく、博品館の専務としてのお立場でお話をうかがわせてください。お客様として博品館に来る世のお父さんたちを見ていて、何か最近の傾向のようなものは感じますか？

ただ単にお子さんに付き合って、仕方なくおもちゃ屋に来ているというより、自分自身が積極的に楽しんでいる、真剣におもちゃを選んでいる、という印象は受けますね。たとえば、子どもの頃から集めているプラモデルのシリーズを、今でも買いに来るお父さんも増えているようです。

女のお子さんだったらお母さんと一緒に来てリカちゃん人形やお洋服を選ぶのが楽しいのでしょうが、男の子の場合は、やっぱりお父さんと一緒のほうが楽しいと思いますよ。

それから、お子さんと一緒にではなく、会社帰りに、お父さんがお一人で来られるといったことも多いです。最近子どもの間で流行っているんですが、ゲームをすると、カードがもらえるというのがありまして。仕事帰りのお父さんが、別にゲームをやりたいわけじゃなくて、カードを集めるために、このゲームをしに来るわけです。もちろんお子さんに頼まれて始まったことだろうとは思うんですが、お父さんのほうでも結構それを楽しんでるところがある。初対面のお父さん同士が、ゲームを通じて仲良くなって、大会などの情報交換したり、といったこともあるみたいです。

―ただ子どもに付き合っているわけではなく、お父さん自身も楽しんでいるわけですね。

そういうことって、子どもと付き合ううえでは大切なことだと思いますよ。大人だからというポーズは必要ない。

どうせ子どものおもちゃだろうなんて馬鹿にしてても、やってみると意外と面白かったりします。どうせやるなら真剣にやって、自分も楽しみながら子どもと遊ぶというのがいいんじゃないでしょうか。

―また話は変わりますが、ご自身の子育てと、博品館の専務として人材育成を考えるに当たっては、何か共通する部分があると思いますか？

基本的には、コミュニケーションの問題だと思うんですよ。お互いに心さえ通じ合っていれば、仕事も子育ても、そんなにまずいことにはならないだろうと。

当社の場合、各フロアにフロアマネージャーという責任者がいるんですが、その人たちとはかなり頻繁に話をするようにしています。私はどう思っているかをきちんと伝え

博品館は「遊品専門店」です

て、相手の考えもしっかり聞いておく。仕事では常にそういう部分を大切にしているつもりですし、その点は子育てでも同じですね。

―それでは、お子さんとの日常の触れ合いが、会社でのお仕事にフィードバックされることはありますか？

うちの場合、おもちゃはそれこそ売るほどありますから(笑)、やっぱり結構与えてるんですよ。うちの子どもは電車が好きなんですけど、各メーカーさんからいろいろなシリーズが出ているじゃないですか。

売る立場としては、各社のおもちゃはそれぞれ違うカテゴリーで、ディスプレイするときも決して混ぜたりはしない。

でも、子どもにしてみたらそんなことは関係ないですよね。A社のシリーズもB社のシリーズも、電車のおもちゃには違いないんで、一緒に遊んでるんですよ。それを見てると、ああ、子どもにはカテゴリー分けなんて存在しないんだな、と思いますね。

―電車が好きというのは、やはりお父さんの影響で？

いや、それが、正直、私はあまり電車には興味がないんですよ。ですから、大きくなって、「一緒に写真撮りにいこうよ」みたいなことをいわれると困るなあ、なんて思ってまして(笑)。私自身は、どちらかというと車が好きなものですから。

ただ、最近は割と車のほうに戻ってきてくれたみたいで、ほっとしてるところです。

―それはおめでとうございます(笑)。そういうお話をうかがっていても、親子のコミュニケーションをサポートするツールとして、やはりおもちゃは大切ですよね。

子どもにとってはもちろん大切なものなんですが、では大人には必要ないかというと、決してそんなことはないと思うんですね。

当社の創業当初に父が考えた言葉なんですが、うちでは「玩具」ではなくて「遊品」といっていたんですよ。博品館は「遊品専門店」だと。

だから、うちが扱うものというのは、いわゆるおもちゃに限定しているわけではないんです。その商品に遊び心があるかどうかが重要で、たとえば電話機でもキャラクターが付いていれば扱うし、ボールペンでも光って面白いといったところがあれば扱います。遊び心という意味では大人も子どもも関係ないし、大人が楽しめるような商品も早くから置いていました。

ときどき、「おもちゃなんて、米とか醤油みたいな必需品ではないじゃないか」という人がいるんですが、決してそんなことはありません。笑いとか楽しさというのは人間が生きていくうえで必要不可欠なものですから、私たちは人生の必需品を売っている、その楽しさの手助けをしていると考えています。

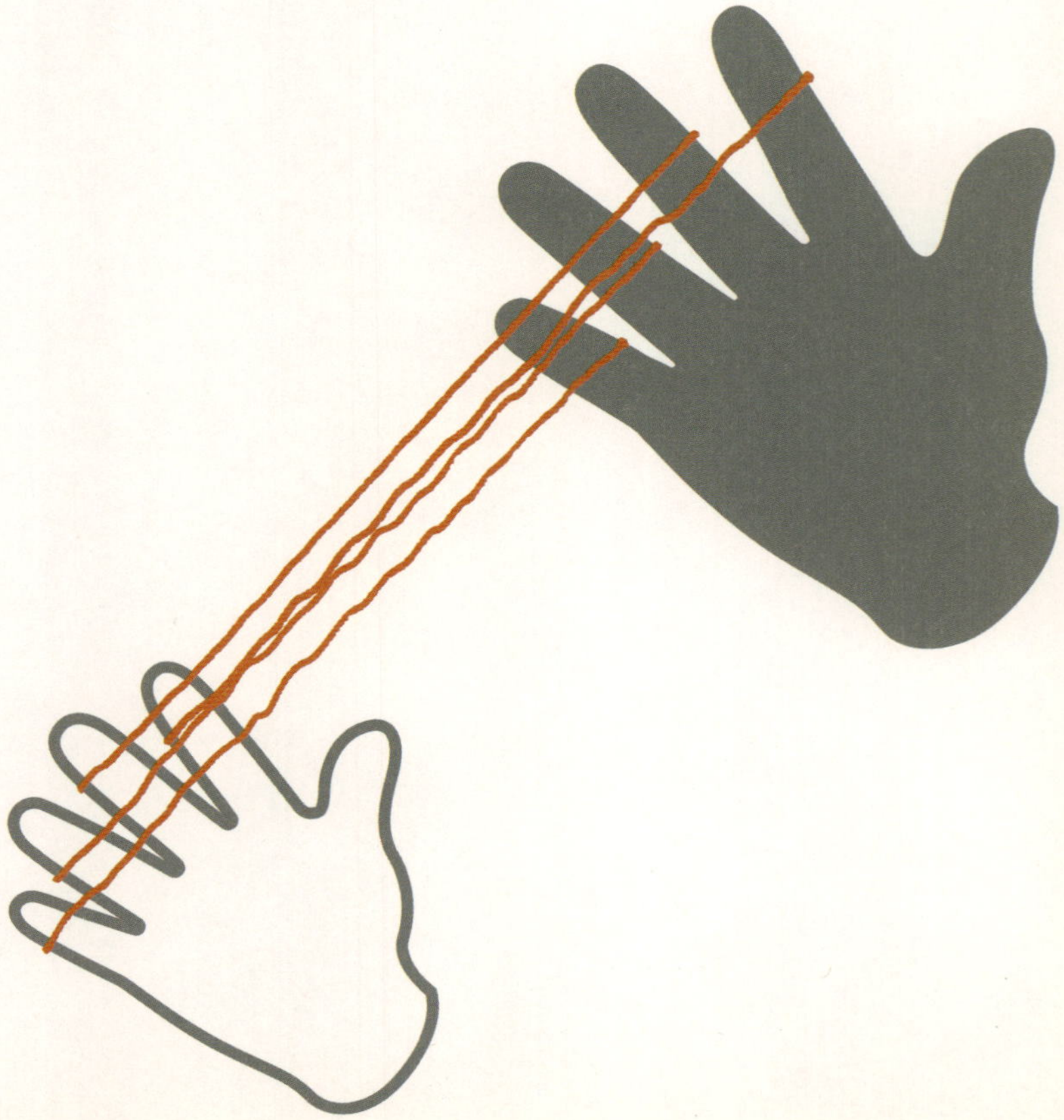

最近、あなたは子どもとの絆を実感していますか？

- CAMP
- FISHING
- MOUNTAIN BIKE
- PETANQUE
- DVD
- PHOTOGRAPH

「外」へと広がっていく親子のフィールド

天気のいい日は外でバーベキュー!

人を「アウトドア派」と「インドア派」の二つに分けた場合、子どもというのは大抵アウトドア派である。ある日突然、子どもが「キャンプにいきたい」と言い出したとしたら、これまでインドア派を自認してきた父親としては、どのように対応すべきだろうか?

いきなりキャンプというのは大変だとしても、とりあえず一歩、踏み出してみよう。

家でテレビを見ているのが好きな人でも、天気のいい休日に、外でものを食べるのは、やはり気持ちがいいはずだ。持っていった弁当を食べるだけでもいいが、さらに一歩進んで、外で調理してみるというのはどうだろうか。たとえば、グリルを用意して、外でバーベキューをやってみる。野外で食べる焼きたての肉や魚の味は格別だし、テントに泊まらなくても、キャンプに近い気分を味わうことができる。

泊まっていくならビールもOK

野外体験というのは、家族全員が協力し合って、一つのことをやり遂げるいい機会である。食事の支度などは、いつものように母親に任せてしまいがちだが、それでもバーベキューのセッティングをしたり、焚き木や水を運ぶといった作業は、父親や子どもが分担して行うべきである。

さらにいえば、こういうときぐらい、食事の支度も父親と子どもが協力し合って、母親には楽をさせるのがいいだろう。

このような場では、やはり父親がリーダーシップをとることになる。子どもたちに役割を分け与え、同時に自らの役割もてきぱきと片付ける。こうした父親の姿は、子どもたちには普段の父親とはまったく違って、カッコよく映るはずだ。

野外での食事は、昼も悪くないが、夜もまた、落ち着いた雰囲気でよいものだ。食べた後すぐに帰るとなるとあまり落ち着けないが、たとえば近くのコテージを借りて、その場所で泊まっていってもよい。

大抵は運転手も兼ねている父親は、せっかくのバーベキューだというのにビールも飲めないことになりがちだが、泊まっていくのであればこの問題もクリアされる。

ランタンが演出するワクワク感

夜、外で食事をするとなると、やはり明かりは欠かせない。電気式やガス式など、明かりを灯すための道具にもいろいろと種類があるが、ここでは特にガソリン式のランタンをお奨めしたい。

ガソリンランタンには独特の音と匂いがあるが、決して不

快なものではなく、むしろアウトドアの雰囲気を盛り上げてくれる。その感覚を言葉で表すことは難しいが、野外で、初めて明かりとともにその音を聞いた人は、ある種の感動すら覚えるかもしれない。

ランタンに火をつけるには一定の手順を要するが、この部分も、父親が子どもにカッコいいところを見せるチャンスである。このちょっとした手間も、何か楽しいことが始まる前の儀式めいていて、ワクワク感を高めてくれる。

食事が終わり、楽しい家族の語らいの時間もひと段落ついたら、ランタンの明かりを落として、眠りにつくことになる。電気の光と違って、ランタンの明かりは、すぐに消えることはない。マントルと呼ばれる白い布に残った火が、楽しい時間の余韻のように、ゆっくりと消えていく。

楽しいことはキャンプから始まる

アウトドアの楽しさが少しずつわかってきたら、さらにその次のステップとして、本格的なキャンプに出かけてみよう。

キャンプというと、まず「自然を体験するもの」というイメージがある。もちろんそれも間違っていないが、あまり「自然」にこだわりすぎて、本来楽しいはずのキャンプが苦行になってしまっては本末転倒だ。特に子どもが小さい場合は、トイレや水道など設備の整っているオートキャンプ場を利用するのもよいだろう。

「キャンプというのは、それ自体が目的というより、一つのきっかけです。ただテントを張って、そこで寝るだけではなく、たとえば前の川で釣りをしたり、親子で星を眺めたり、いろいろなことができる。普段はできない親子の語らいも、その中から生まれてくる。キャンプが、そういういろんな楽しいことのきっかけになってくれるとうれしいですね」（コールマンジャパン株式会社・ショップ事業部　杉野泰之氏）

アウトドアに踏み出す

アウトドアの第一歩は、アウトドア・クッキングから。

ここでは、バーベキューの際に用いる基本的な調理器具や、アウトドアの夜を演出する照明器具を紹介する。

もちろん、これだけ揃えれば十分というわけではなく、テーブルやチェア、食器など、必要となるものはこれら以外にもいろいろと考えられる。

さらに本格的にキャンプを始めるとなったら、テントやスリーピングバッグなども必要になってくるはずだ。

ワンマントルランタン　286A740J
ガソリン燃料を使用した定番のランタン。
参考価格：12,600円（税込）

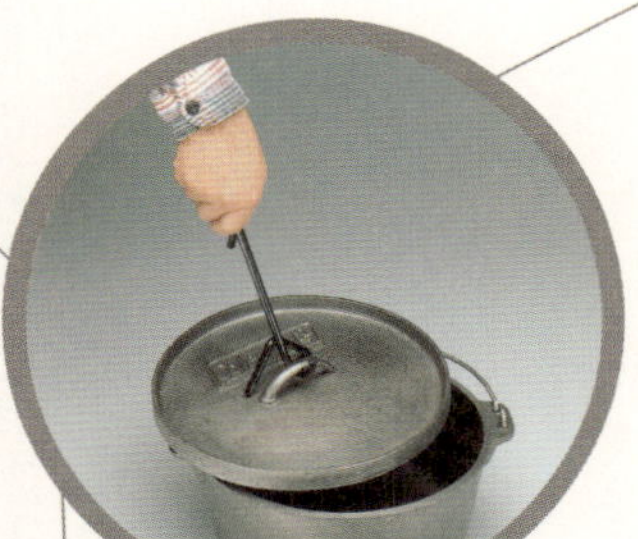

ダッチオーブン（12インチ）　170-8023
圧力鍋と同等の調理が可能な、アウトドア料理用の調理器具。
いろいろな調理に利用できる万能鍋で、1つあると便利。
参考価格：10,500円（税込）

ガソリンランタンの使い方

❶ 燃料ツマミをOFFの位置にセット。ポンプノブを押し込んで、右いっぱいまで回しておく。タンク内に八分目まで給油し、キャップを閉める。

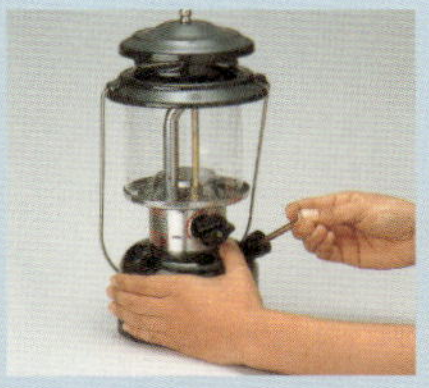

❷ ポンプノブを左に2回転させ、ノブの穴を親指で押さえながら固くなるまでポンピング（40〜60回が目安）。マントルを交換するときは、その後カラ焼きする。

❸ ボールナットをはずし、ベンチレーター、グローブをはずす。マントルを指先で袋状に膨らませた後、ひもを二重に仮結びする。

❹ マントルをバーナーチューブの正しい位置に取り付け、シワを均等に整える。あまったひもはマントルを壊すことがあるので、必ず切り取ること。

❺ マントルの下部からライターなどで均等に火をつけ、マントルを灰状にする。壊れたマントルの使用は、グローブを割る恐れがあるので必ず交換する。

❻ 触れるなどちょっとした衝撃やカラ焼き直後のポンピングでマントルを壊す恐れがあるが、点火するとマントルは丸く膨らみ、形状を保つ強度ができる。

❼ 燃料ツマミを少し左へ回し、燃料が出る音を確認したらOFF。10〜15秒後にフレーム底部から火を入れ、ツマミをHigh〜Lowの間にすると点火する。

❽ 点火直後、さらにポンピングして加圧すると明るさが安定する。燃料ツマミではHigh〜Lowの明るさ調節が可能。

スーパーチャコールグリル
170-9053

バーベキューの必需品。
炭の燃焼効率が高く、炭の着火や、
火力の調節がしやすい。
参考価格：8,190円（税込）

コールマントーチ
170-8075

ガスを使用した強力な着火器具。
バーベキューグリルの炭の着火に最適。
参考価格：3,360円（税込）

コールマンジャパン　http://www.coleman.co.jp/

十年後、二十年後も続く父と子の師弟関係

命とまっすぐに向き合える体験

近年、特に都会では、子どもたちが生き物にじかに触れる機会が減っている。生活の周辺に自然がないため、生きて動いている虫や魚を見たり、自分の手で捕まえるといった体験をすることが難しくなっているのだ。生き物と触れ合う経験は、同時に「死」についても教えてくれる。

ひとたび生命が失われたら、コンピュータゲームのように、リセットしてやり直すことはできない。身近に実感できる死がないことで、命というものを軽く見る風潮が生まれてくるのかもしれない。

釣りというのは、まさに「命」とまっすぐに向き合うことができる体験である。疑似餌やキャッチアンドリリースなどもあるが、基本的には生きたエサを使い、生きている魚を釣り上げ、その命を食して、自らの命の糧とする。

本来は人間が生きるための手段だったというその原点は、釣りが他のレジャーやスポーツとは一線を画する部分だろう。

最初の一歩は釣り堀から

子どもは、実は結構釣りに興味を持っていることが多い。もともと釣りが趣味の父親であれば問題ないが、これまで釣りなどやったことのないお父さんの場合、子どもを釣りに連れていきたくても、どうすればいいかわからない、というのが実際のところだろう。

手始めとしては、たとえば近所に釣り堀があれば、まずそこへ行ってみる。釣り堀なら、いきなり道具を買い揃える必要もない。

また、海上に設けられたいわゆる「海の釣り堀」では、マダイやカンパチといった高級魚を釣って持ち帰ることもできる。釣り船屋でも初心者に親切なところは多く、竿を貸してくれたり、釣り方を指導してくれる。さらに、初心者向けの釣りツアーなども行われている。

釣り具メーカー・ダイワ精工株式会社の社員で、こうした初心者向けツアーの指導も行っている大川雅治氏は、「釣りは、最初の一歩をいかに踏み出すかが大切です。それで楽しければハマるけど、まったく釣れなければ、もう二度と釣りにいこうとは思わなくなる。最初は誰かに教えてもらう必要がありますが、どんな人に習うかも重要ですね」と語る。

釣り具ショップに入ってみよう

本格的に釣り道具を揃えるのは、このような経験を通じて、釣りに慣れてきてからでも遅くない。竿などの道具は、必ずしも安いものが初心者向け、高いものが上級者向けということはなく、目的や好みなどに応じて選ぶことになる。

釣り具ショップは、最初のうちは敷居が高く感じるかもしれないが、入ってみると、色とりどりのルアーなどが飾られていて、子どもにとっても楽しく感じられる場所かもしれない。

ショップに入ったら、特に初心者のうちは、まず店員と話してみるのがいいだろう。どこへいって何を釣りたいか、という目的さえはっきりしていれば、そのための道具選び

に関しても、的確なアドバイスをしてくれるはずだ。

「どこへいって何を釣るか」は、住んでいる土地、そして季節によっても変わってくる。

たとえば春なら渓流のニジマス釣り、夏や秋なら小アジのサビキ釣りや、ハゼ釣りなど、釣りを通して季節感を味わうこともできる。

釣りが親子を師弟に変える

ここまで、釣り未経験の父親に向けていろいろと書いてきた。もともと釣りが好きな父親であれば、自分だけで楽しむのではなく、ぜひ子どもを一緒に連れていくことをお奨めする。

釣りという趣味を子どもと共有することのメリットは、子どもがある程度大きくなってからも、一緒に楽しむことができるという点だ。

普通、中学生や高校生になると、親よりも友達と過ごす時間のほうが多くなり、父親とどこかへ出かけるのを嫌がったりもするものだが、その目的が釣りであれば、父親と一緒でも不思議とそれほど抵抗を感じないようだ。

また、釣りを始めたときに生まれた師弟関係は、二人が年をとっていってもそのまま変わることはない。

たとえば、いま四十歳と三十歳の父子が、六十歳と十歳になっても、二人で一緒に釣りに出かける、というケースも決して珍しくない。

こんな趣味は、おそらく釣りのほかにはまずないのだ。

魚と真剣勝負！

釣りの道具には初心者向きもベテラン向きもなく、目的や好みによって選ぶことになる。
とはいえ、ここではとりあえず釣りを始めてみたいと考えている人のために、価格的にも手ごろで適応範囲の広い、比較的ベーシックな道具を紹介することにしよう。

クーラー

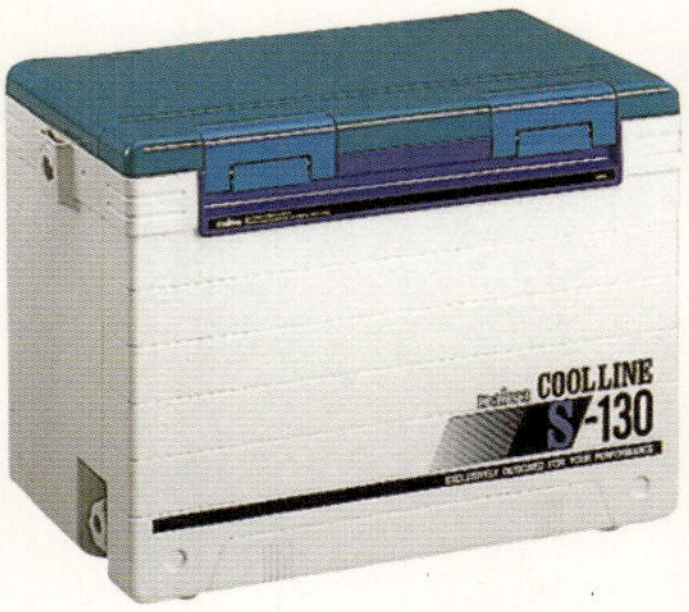

クールライン　S-130
スーパースチロールのベーシックモデル。
希望本体価格：5,450円

竿

DZ小継《こつぎ》せとうち 2号-36
防波堤でのウキ・落とし込み釣りや
ボートでの胴付き・サビキ釣りまで
幅広くこなせる中・小物竿。
希望小売価格：7,800円～

**小継《こつぎ》清瀬《きよせ》
36SN**
38cmサイズにしまえる、
携帯性に優れた万能竿。
価格：オープン

**ショートスイングT
20号-330**
堤防でのサビキ釣りから
チョイ投げまで幅広く対応できる
万能振出投竿。
価格：オープン

Dad-Garage
FISHING

スピニングリール

ルシーダ
ABS、インフィニットストッパーなど
先進機能を搭載した
コストパフォーマンスの高いモデル。
希望本体価格：6,000円～

スプリンター
ABS（アンチバックラッシュシステム）
搭載の標準的な糸付モデル。
希望本体価格：オープン

初心者でも楽しめるオススメの釣り方

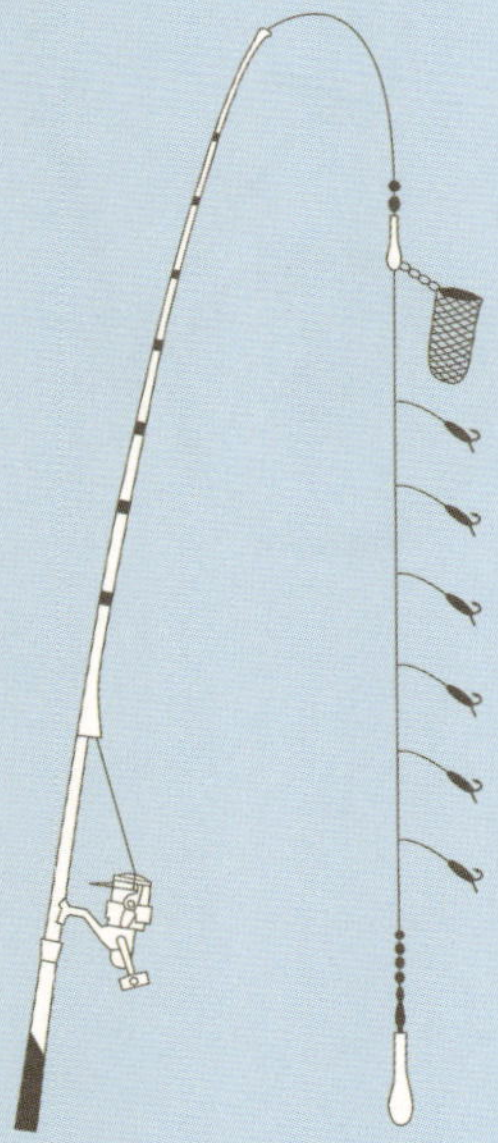

サビキ釣り

アジ、イワシ、サッパなど、釣りの初心者でも十分に楽しめる防波堤釣りの1つ。コマセ袋に入れるエサは、水などで適当に解凍したアミコマセ（冷凍の小さなエビ）なので、ゴカイなどの生きエサを扱うことが苦手な人でも大丈夫。エサに集まってきた魚を釣るハリは、アミ（小さなエビ）に似せた擬餌バリが多く使われている。また、一度に何匹も釣れる、いわゆる鈴なりの醍醐味も味わえる。親子で楽しむには、最適な釣りの1つ。

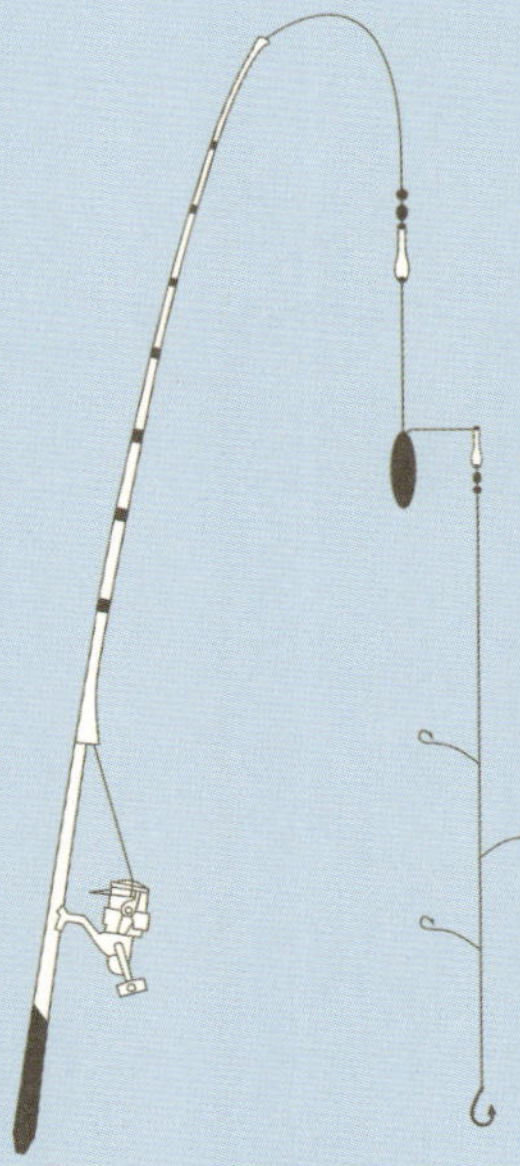

投げ釣り仕掛け

投げ釣りは、投げ竿にスピニングリールを付けて仕掛けを沖へキャストする（投げる）もの。砂浜や防波堤などで、気軽に楽しめる釣り方だ。投げ釣りの対象魚としてポピュラーなのが、「砂浜の女王」と呼ばれるシロギスである。スポーティな釣り方に加え、快いアタリ（魚信）、美しい魚体、そしてその美味が人気の理由だ。投げ方にもいくつかあるが、初心者には自分の頭の真上からキャストする「オーバースロー」がお奨め。

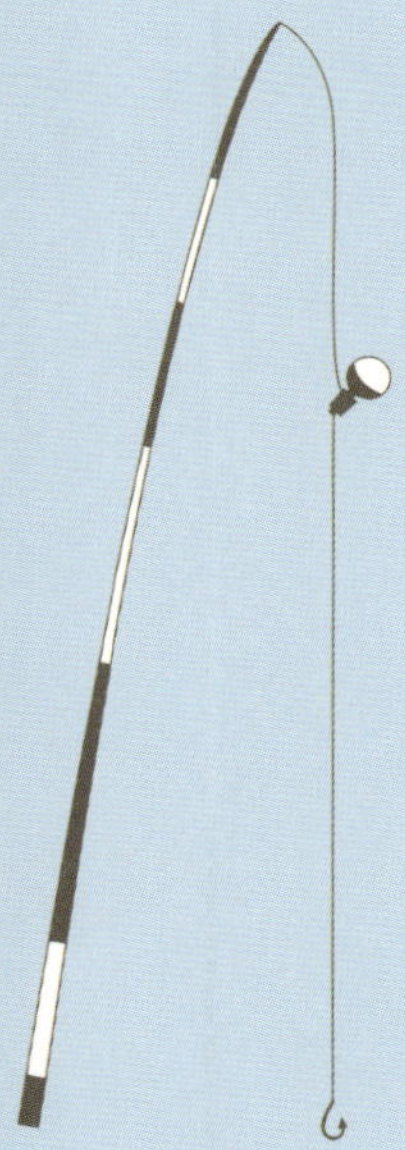

ウキ釣り

川釣りのターゲットとしてまず思い出されるのが、ウグイ。初心者にも簡単に釣れる魚としても知られている。日本各地（琉球列島をのぞく）の河川上流から下流域、湖沼に生息する。釣り方は、ウキ釣り、ミャク釣り、フカセ釣り、リールを使ったカゴ釣りなどさまざま。中でもウキ釣りは仕掛けも単純で、初心者でも手を出しやすい。ウグイは雑食性で貪食のため、エサはチョロムシ（ヒラタカゲロウの幼虫）やクロカワムシ（トビケラの幼虫）などの川虫類、ミミズなどの他、ソーセージや食パンまで使われる。

ダイワ精工　http://www.daiwaseiko.co.jp/

親子で走る オンロード＆オフロード

MTBに乗って街に出よう！

マウンテンバイク（MTB）と聞くと、すぐに「レース」や「オフロード」といった言葉が思い浮かぶ。高い強度と安定性を持ち、多段変速機能と衝撃吸収のためのサスペンションが付いていて、悪路でも山道でも縦横無尽に走り回ることができる。

要するに、ダイナミックなスポーツのための自転車、というイメージである。

もちろんそれもMTBの一面の真実だが、最近では、街中で乗る自転車としての人気も高まってきている。道を走るということ自体は普通の自転車でも変わりないはずだが、MTBならではの爽快感というものは、確かにある。

あまり高価なMTBでは、街を走ってもそこらに気軽に停めてはおけないが、十年ほど前に比べれば全体に価格が手ごろになってきているのも、こうした人気を反映したものだろう。

MTBにもいろいろと種類はあるが、特に人気の高いブランドの一つにルイガノ（Louis Garneau）がある。ルイガノの人気の理由は、機能性もさることながら、その高いファッション性にあるようだ。

ルイガノはもともとカナダのメーカーだが、日本で販売されているルイガノブランドの自転車は、その日本代理店であるアキコーポレーションが、国内で製造・販売を行っている。

そのため、外国製の製品に比べても、より日本人の体型にフィットしたMTBに仕上がっている。

休日のプチ・オフロード体験

普通のお父さんのほとんどは、MTBの本格的なレースなどは自分には縁がないと考えている。子どもであれば、なおさらそのハードルは高いと感じるだろう。

しかし、休みの日に川原や公園にいき、親子で思い切り直線コースを飛ばしてみる。あるいは、ちょっとだけ「オフロード」を走ってみる。これらも立派なスポーツであり、普通の自転車とは違う、MTBならではの楽しみ方である。

子どもが乗るのには、もちろん子ども向けのMTBもある。ルイガノのジュニアシリーズには、たとえば二十四段変速で前後ディスクブレーキを備えた本格的なレーサーモデルも用意されている。

自転車に乗るとき、ヘルメットをかぶる習慣を持っている子どもは、まだあまり多くないかもしれない。しかし、MTBでスポーツをするとなると、安全のためにも必ず着用させるべきである。

大切なのは、比較的小さい頃から安全に対する意識を持

たせ、ヘルメットに慣れさせることだ。また、父親自身が必ずヘルメットを着用するようにすれば、子どもも自然とかぶるようになるだろう。

違和感がなくなれば、逆にそのカッコよさもわかってくる。多彩に用意されているモデルの中から、好みのヘルメットやグローブを選ぶことも、ＭＴＢに乗る一つの楽しみになるかもしれない。

親子でチャレンジするＭＴＢレース

本格的なスポーツ志向の親子であれば、もちろん、ＭＴＢのレースに挑戦してみるというのもありだ。

ＭＴＢに関連する団体やメーカーなどが、毎年、各地でさまざまなＭＴＢの大会を開催している。

ＭＴＢのレースの種類としては、アップダウンのあるオフロードコースを走る「クロスカントリー」や、下りのみのコースの「ダウンヒル」などがある。

たとえば、ルイガノのアキコーポレーションが主催している「ルイガノカップ」では、ダウンヒルやクロスカントリーは男女別になっており、後者には初心者向けのレースも用意されている。また、キッズ（高学年・低学年）を対象としたクロスカントリーもある。

ルイガノを扱っている株式会社ウイングの吉澤正巳氏によれば、「毎年、お父さん、お母さんとお子さんが、それぞれの種目にエントリーしているご家族も結構いらっしゃるようです」という。

さらに、一定の時間内にコースを何周できるかというチーム対抗の耐久レースでは、親子がチームを組んで挑戦しているケースも少なくない。

父親と子どもがＭＴＢという同じ趣味を共有することで、一緒に過ごす時間が増え、自転車以外のいろいろなことについても、自然と会話ができるようになる。子どもが成長していっても、こうした関係は、変わることなく続いていくはずだ。

今すぐレーサーになる

街乗りからサイクリング、さらに本格的なレースまで、マウンテンバイク（MTB）にはさまざまな楽しみ方がある。ここでは、父と子のそんな幅広いMTBライフをカバーする、ルイガノの代表的なモデルをいくつか紹介しておこう。

LGS-XC FLITE-S

レースエントリー初級から中級、
さらに本格的なスポーツ体験をしたい人向けのモデル。
価格：121,800円（税込）

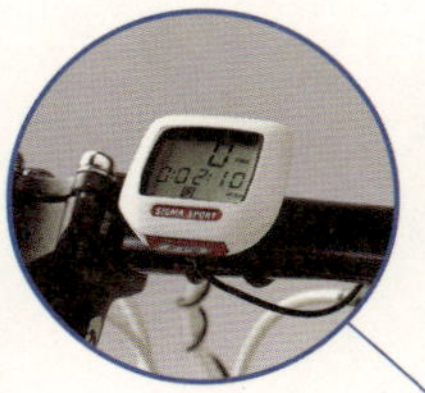

時刻、速度、距離、
積算値を表示する、
SIGMA SPORT社製の
ルイガノオリジナル
サイクルコンピューター。

LGS-FIVE

日頃の移動手段を、よりファッショナブルで
スポーティにしたい人に最適なモデル。
価格：49,350円（税込）

JUNIOR 3D（子ども用グローブ）

価格：1,890円（税込）

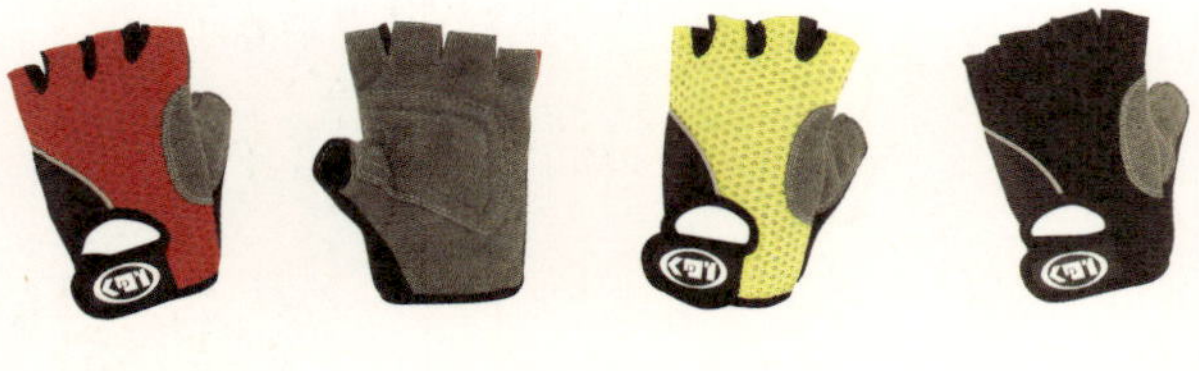

LGS-XC CASPER PRO Jr

前後シマノディスクブレーキ、24段変速を
装備した本格MTB RACERモデル。
小学校中学年～高学年向き。
価格：59,850円（税込）

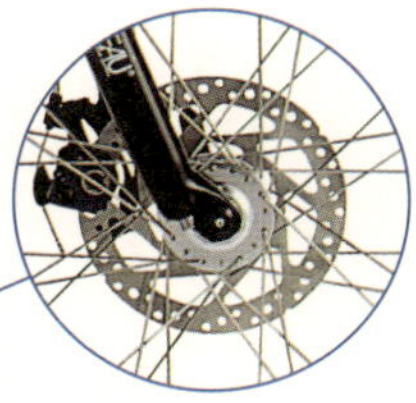

前後輪に装備された
シマノディスクブレーキ。

LGS-J206

ルイガノの子ども向け自転車。
小学校中学年～高学年向き。
価格：33,600円（税込）

LGS-J16

ルイガノの子ども向け自転車。
小学校低学年以下向け。
価格：23,100円（税込）

ヘルメット＆グローブ

MTBに乗るならヘルメットは必需品。子どもにも必ず着用させよう。

GRUNGE
価格：5,040円（税込）

TERRIBLE
価格：3,990円（税込）

アキコーポレーション　http://www.akiworld.co.jp/

父と子が最高のチームになる日

父子が対等に競い合えるスポーツ

父親は、当然ながら、子どもより体も大きいし、いろいろな経験も積んでいる。一緒に遊ぶ場合、その内容によっては子どものほうが慣れていることもあるが、たとえばスポーツであれば、たいていは体格や体力、あるいは経験の違いがものをいう。

そこで、子どもに合わせるために手を抜いたりする。子どもにしてみれば、そのことが悔しくてたまらないものだ。

スポーツの分野で、父親と同等のレベルで競い合ったり、パートナーとして協力し合っていくといった体験は、子どもにとってはめったに得られるものではないだろう。

ペタンクは、父と子がそれぞれにベストを尽くし、対等のパートナーシップで目標に挑んでいくことのできる、数少ないスポーツの一つである。

簡単だが奥の深いペタンク

ペタンク発祥の地であるフランスでは、各コミュニティごとにブロドロームという屋内球技場を持つクラブがある。

そして、専用競技スペースがあり、大勢の人々が日常的にペタンクに興じている。現在はフランスだけでなく、「すでに世界五十ヶ国以上に広まっていて、世界大会も開かれています」（NPO法人日本ブールスポーツ連盟・指導部長伊久美峰雄氏）という。

日本ではまだそれほどメジャーとはいえないが、それでも競技者人口は二十万人を上回っている。小さな子どもから高齢者まで、誰でも気軽に始められて、ハンデなしで誰とでも対戦できるところが、この密かな人気の理由だろう。

実際、ルールは簡単だ。最初に投げた「ビュット」と呼ばれる目標球に向かってそれぞれ規定の回数だけボールを投げ、最終的に、よりビュットに近い位置をキープしたほうのチームがポイントを得る（「ペタンクの基本ルール」参照）。

もちろん、誰でも気軽にできるからといって、誰でも簡単に勝てるわけではない。投球テクニックをとっても、ビュットに近づけることを目的とした「ポワンテ」のほか、相手のボールにぶつけて弾き飛ばす「ティール」といった難度の高い技もある。「わずか一球で形勢が一転し、大量得点につながることもあります。集中力と慎重さ、そしてチームワークが大切です」（NPO法人日本インドアペタンク協会・理事平手義純氏）。

どこでも誰とでも手軽に対戦できる

ペタンクは場所を選ばない。一対一（シングルス）でもプレイできるので、近所の公園で、父親と子どもでちょっとペタンクしてみる、というのもいいだろう。

もっとも、ペタンクは、ダブルスまたはトリプルスのチーム対戦のほうが、ゲームとして面白い。家族が四人なら二チームに分かれて対戦したり、あるいは父親と子どもがチームを組んで他の父子ペアと対

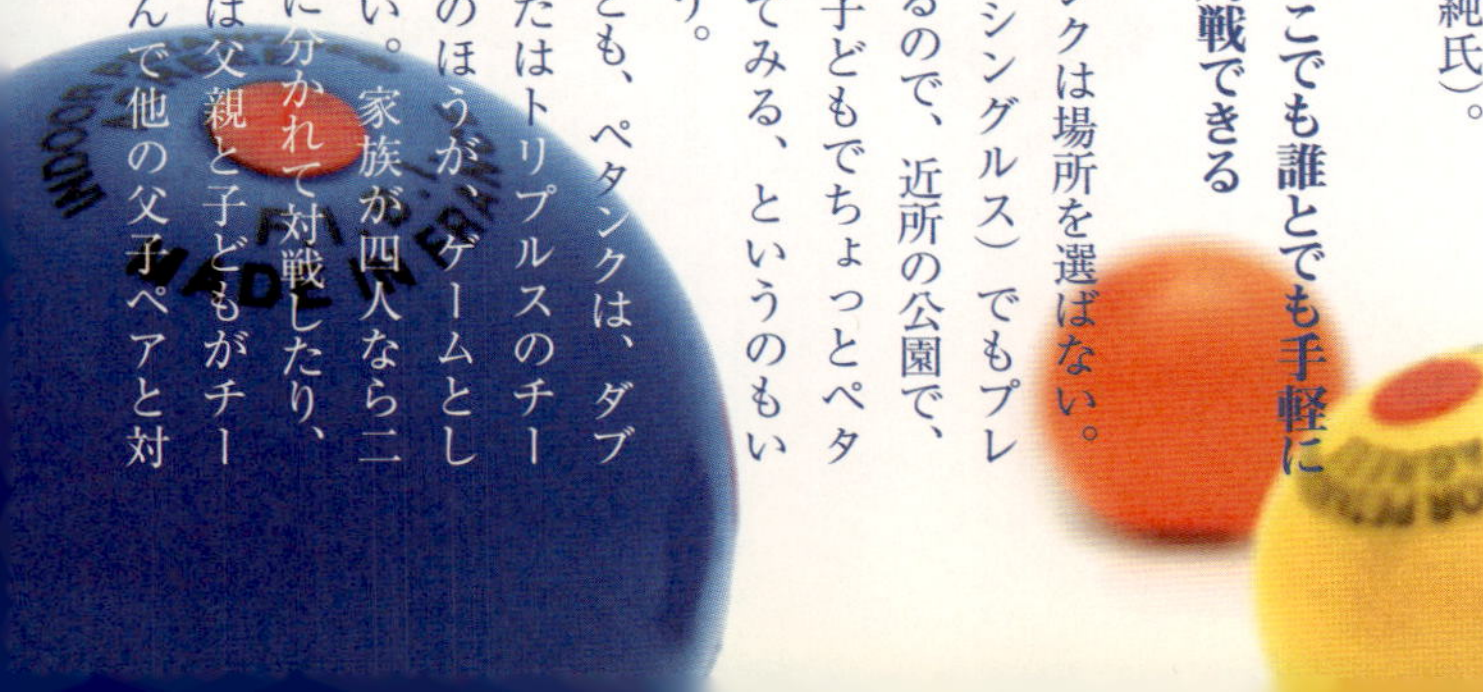

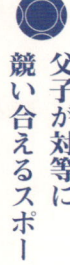

戦するといったことも可能だ。

　埼玉県在住の西澤倫太郎氏の場合、四人家族を二対二に分けて対戦しているほか、同じマンションの人たちと家族同士で対戦するなど、地域の交流にもペタンクを利用している。さらに、ペタンククラブまで結成してしまったほど、ペタンクにはまっている。

「今は二人の子どもはまだ小学校低学年ですが、だんだん親よりも友達と過ごす時間が増えていくでしょう。子どもが大きくなっても一緒に楽しめる趣味を持ちたいと思っていましたが、ペタンクがそうなってくれるのではないかと期待しています」（西澤氏）。

父子のチームワークで優勝を目指す

　また、各地でペタンクの大会なども盛んに開催されているので、それらに親子で参加してみるのもいいかもしれない。

　スイス出身のアドリアン・ビューラー氏は、約二十年前に来日し、十五年前から本格的にペタンクを始めた。「十年前、子どもが小学一年生のときに、初めて家族で大会に参加しました。当時は本格的にペタンクをやっている人も少なかったので、何回か優勝もしました。子どもが中学生になるとさすがに大会への出場回数は減りましたが、休みの日にはときどき一緒にプレイしています」（ビューラー氏）。

　勝利という一つの目的に向かって父と子が協力し合い、それぞれの果たすべき役割をきちんと果たすと同時に、任せるところは相手を信頼して任せる。それが「チーム」というものだ。

　こうした父と子の連携、その瞬間の連帯感は、子どもにとっては一生思い出として残るような、貴重な体験であるはずだ。

フランス生まれのボールスポーツ

ペタンクの基本ルール

「シングルス」と「ダブルス」は一人三球、「トリプルス」は一人二球の持ち球でゲームを行う。

❶最初にじゃんけんやコイントスで先攻を決め、地面に直径三十五～五十センチメートルのサークルを描いて、そこから先攻チームの一人が、六～十メートルの位置にビュットを投げる。続けて同じチームの選手が、ビュットにできるだけ近づけるようにボールを投げる。

❷次に、後攻チームの選手が、同様にボールを投げる。そして、二つのチームのボールの位置を比較し、ビュットから遠いほうのチームが続けてボールを投げていく。相手チームよりもビュットに近づけば、チーム交代となる。

❸両チームがすべての持ち球を投げ終わったところで一メーヌ（一セット）が終了となり、最終的にビュットに近いほうのチームがポイントを得る。このとき、ビュットに一番近い相手チームのボールよりもさらに近い自チームのボールの数が得点となる。つまり、相手のどのボールよりもビュットに近い位置に自分たちのボールが二つあれば、二点獲得というわけだ。

❹一メーヌが終わったら、そのときのビュットの位置を中心に再びサークルを描き、そこからビュットを投げて、次のメーヌを始める。このようにして、先に十三点先取したチームの勝ちとなる。

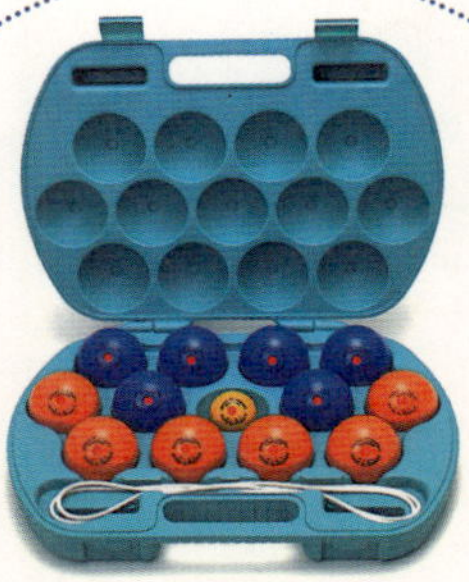

インドアペタンクボール12個セット
オレンジとブルーのペタンクボール各6個ずつと、ビュット、サークル（ロープ）のセット
定価19,800円（税別）

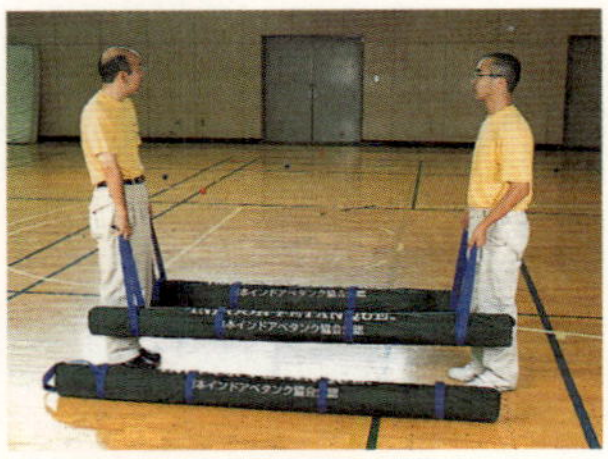

インドアペタンク公式コート
大きさは13.8m×2mで、重量は19kg
ポリエステル製
定価128,000円（税別）

インドアペタンク

1998年に日本とフランスのペタンク関係者が共同で開発した、室内で行うことを目的とした競技。

ペタンクのボールは金属製だが、インドアペタンクは樹脂製のボールが使用されるため、高齢者や小さな子供でも安全にプレイできる。床の上で直接プレイすることもできるが、専用のマットも用意されている。

体育館などそれなりのスペースが必要なので、家族で楽しむというよりは、ちょっとしたイベント向きかもしれない。自治体などによっては道具を用意していて借りることができたり、講習会などで体験が可能なところもある。

ねんりんピックの協賛イベントとして、毎年、インドアペタンクの大会や講習会も行われている。

※背景はインドアペタンク用の公式シート

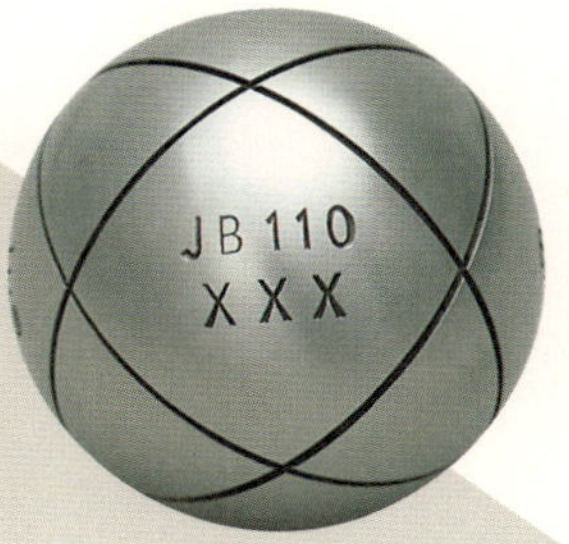

ペタンクで使用されるボール

金属（鋼鉄またはステンレス）製で、中はカラになっている。
競技用は直径70.5〜80mm、重さは650〜800gと決められている。
公式試合に出場する場合は、国際ペタンク連盟公認球を使用する必要がある。

競技用国際公認球12個セット
ビュット2個付き
定価49,800円（税別）

レジャー用
カラーボール12個セット
ビュット2個付き
定価32,000円（税別）

（NPO）日本ブールスポーツ連盟　http://www.boulessports.com/
（NPO）日本インドアペタンク協会　http://www.indoor-petanque.com/

家庭内映画鑑賞のススメ

DVDで映画を見よう

近年は娯楽の種類が増えたとはいえ、やはり映画ファンの数は多い。ただ、いかに映画好きであっても、結婚して家庭を持てば、映画館に出かける回数が減ってしまうのは仕方のないところだ。

特に子どもが小さい間は、子どもの世話や周りの人に何かと気を使い、落ち着いて映画を見るどころではない。

その点、家でDVDを見るのであれば、子どもが騒いでも、ほかの人の視線を気にする必要はない。うるさくて画面に集中できなければ大声で叱ってもいいし、途中で再生を止めて、子どもをトイレにいかせることもできる。

「映画はやはり映画館のスクリーンで見ないと」という考えの人も多いだろうが、最近ではテレビも大画面化し、DVDの再生用機器もますます進化している。もちろん映画館の大スクリーンや音響設備には及ばないものの、本格的な「ホームシアター」やそれに近いAV環境を、多くの家庭で実現できるようになりつつある。

ソフト面でも、新作のみならず、「不朽の名作」といわれるような旧作が次々とDVD化されている。外国映画を、吹き替えでも字幕でも見られる点も、子どもが小さい家庭にはありがたい。DVDならではのメリットである。さらに、ショップではあまり見かけないようなマイナーな作品であっても、ネットなどを通じて入手しやすい環境が整ってきている。

ちょっと難しい映画をあえて見せる

とはいえ、家で鑑賞する場合でも、子どもと一緒では、見ることのできる映画の種類は限られてしまうかもしれない。子どものリクエストに応えてばかりだったり、あるいは子どもに見せるということを過度に意識すると、やはりアニメーションや子ども向け、ファミリー向けの映画が中心になってしまう。

もちろん、そうした映画の中にも大人が見て楽しめる作品はあるが、常にそればかりでは、やはりもの足りなさを覚えることは確実である。また、自分が本当に見たい映画が見られない、というストレスも溜まってくるのではないだろうか。

暴力や性的描写など刺激の強すぎる作品は、やはり避けなければならないだろう。しかし、子どもに見せるのをためらう理由が、たとえば「この年齢ではまだちょっと難しいかも」といったものであれば、思い切って見せてしまうのも一つの教育ではある。

わからなければわからないなりに、その意味を自分の中で解釈しようとすることが、子どもの成長につながる。また、歳月が経って、改めてその作品を見直したときに、以前はわからなかったことが突然理解でき、新たな感慨を得ることもできる。

……少なくとも、そんな口実をつければ、父親が見たい映画を見るのに、多少は気兼ねもなくなるはずだ。

映画が教えてくれる親子関係

父と子が一緒に同じ映画を見たら、まずその内容について語り合ってみよう。このとき、子どもがよく理解できていないところは、頭ごなしに否定したり、最初から正解を教えるのではなく、正しい答えを自分で発見できるように誘導していくのがいい。

また、子どもの成長に伴って、少しずつ親子の会話が減ったり、何をどう話してよいのかわからなくなってくる父親もいるかもしれない。一つの映画の話題が、そんな親子のコミュニケーションの糸口となることもある。映画の中の親子関係が、現実の親子関係へのヒントを与えてくれることもあり得る。

たとえば、「フック」。こちらの世界で大人になってしまい、自分がピーターパンであることを忘れた中年ピーターパンの物語である。

「大人になるということは、ある意味、子どもの頃に持っていた大切なものを忘れ、失ってしまうことですよね。そこから、大人と子どもの断絶も始まります。しかし、忘れたものは思い出すことができる。失ったものは取り戻すことができるということを教えてくれる作品だと思います」（株式会社ソニー・ピクチャーズエンタテインメント　マーケティング部　千早剛氏）

また、子どもの成長に合わせて、見せる映画を選択する、というのも、親に与えられた特権かもしれない。たとえば、「スタンド・バイ・ミー」などは、小さい子どもにはちょっと刺激が強すぎる部分もあるが、ある程度ものごとがわかる年齢になってきたら、父親としてはぜひ見せておきたい一本であろう。

『フック コレクターズ・エディション』

『スタンド・バイ・ミー　コレクターズ・エディション』

家で見たい父と子の名作映画

ここでは、父と子の関係を描いた映画、さらに父と子で一緒に見るのにお薦めの映画を、いくつか紹介しよう。

これらの多くは、それほど派手なアクションや仕掛けがあるわけではないが、いろいろなことを考えさせてくれる作品ばかりである。

DVDでコレクションしておくことで、何度でも好きなときに見られるし、子どもにとっては、その成長の段階に応じて見返すたびに新鮮な発見があるに違いない。

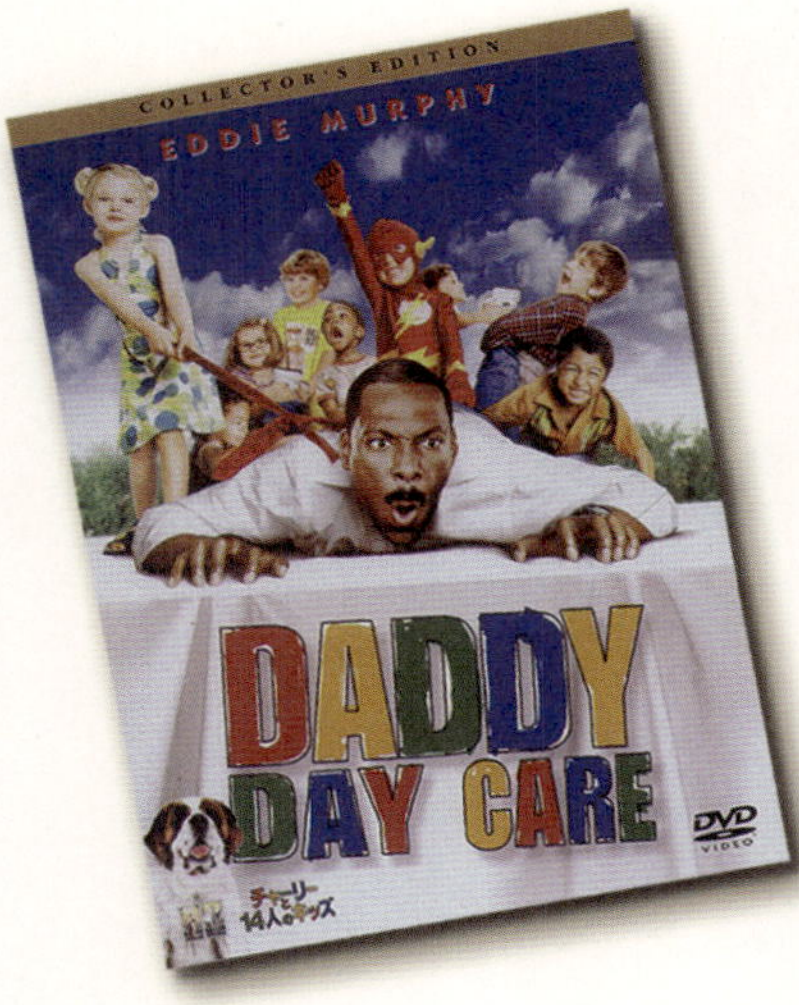

チャーリーと14人のキッズ
コレクターズ・エディション

突然職を失ったやり手サラリーマンのチャーリー。
妻が働いている間、息子と二人で留守番の日々だったが、
ある日、保育園を開くことを思いつく。
園児募集に応じて集まってきたのは、
超個性的でやんちゃな子どもたちだった。
2003年／アメリカ

スタンド・バイ・ミー
コレクターズ・エディション

「列車にひかれてそのままになっている
少年の死体」を探して、12歳の少年4人組が
出かけた2日間の冒険を描いた名作。
1986年／アメリカ

ビッグ・フィッシュ　コレクターズ・エディション

エドワードは、彼が語る「おとぎ話」で有名になった人物。
しかし、彼の息子ウィルは、父の話が嫌いだった。
そんなある日、エドワードの病が悪化し、
ウィルは残された時間があとわずかだと知らされる。
2003年／アメリカ

マイ・ガール

11歳の女の子ベーダは、ママはいないけれど、
優しいパパとおばあちゃんと一緒に暮らしていた。
そんなある日、パパの会社に雇われた女の人とパパの間に
愛が芽生えたことを知り、大ショックを受ける。
1991年／アメリカ

フック
コレクターズ・エディション

大人になったピーターパン。
彼は自分がピーターパンであったこと
さえ忘れていたが、自分の子どもが
フック船長にさらわれたことで、
本当の自分を思い出す。
宿敵フック船長から子どもを
取り戻すために、
中年ピーターパンの冒険が始まる。
1991年／アメリカ

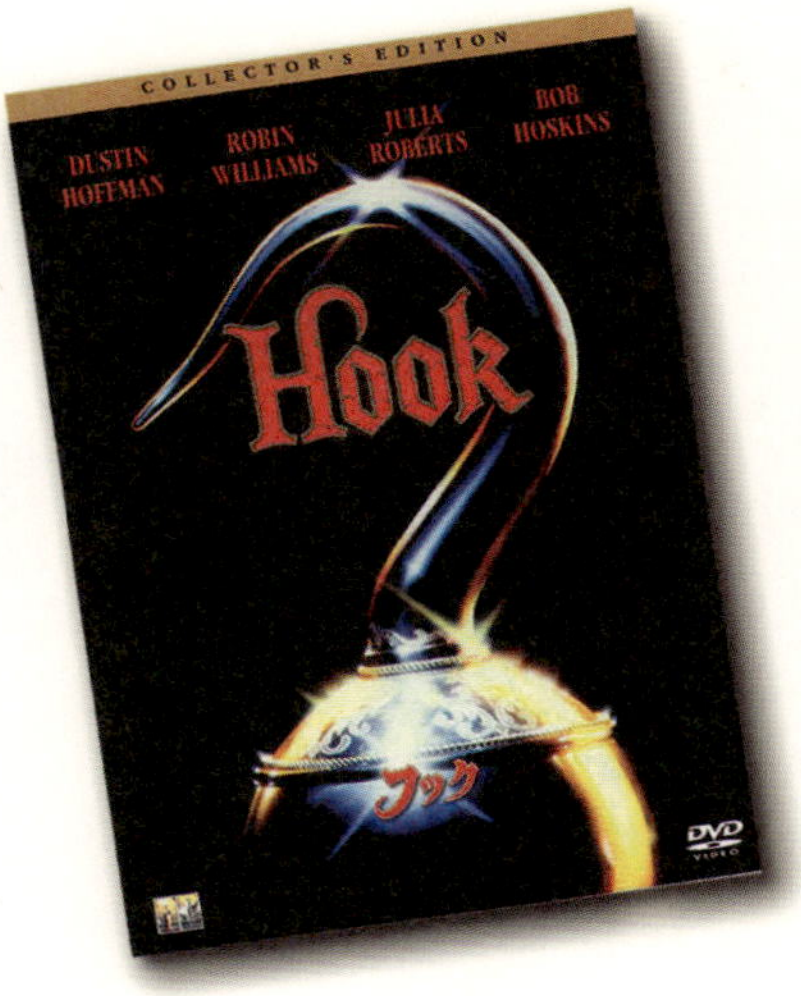

ビッグ・ダディ

お気楽な人生を送っているソニー。
ある日、親友のケビンに、本人も知らない
「隠し子」がいたことが発覚した。
ソニーは、自分が大人の責任を果たせる
ことを証明しようと、その5歳の男の子の
父親になることを思いつく。
1999年／アメリカ

ジュマンジ
コレクターズ・エディション

いじめられっ子のアランが、土の中から
見つけた「JUMANJI」と書かれた木箱。
その中に入っていたすごろくゲームを始めると、
出た目の内容が現実に起こり、アランはゲームの
中に吸い込まれてしまう……。
1995年／アメリカ

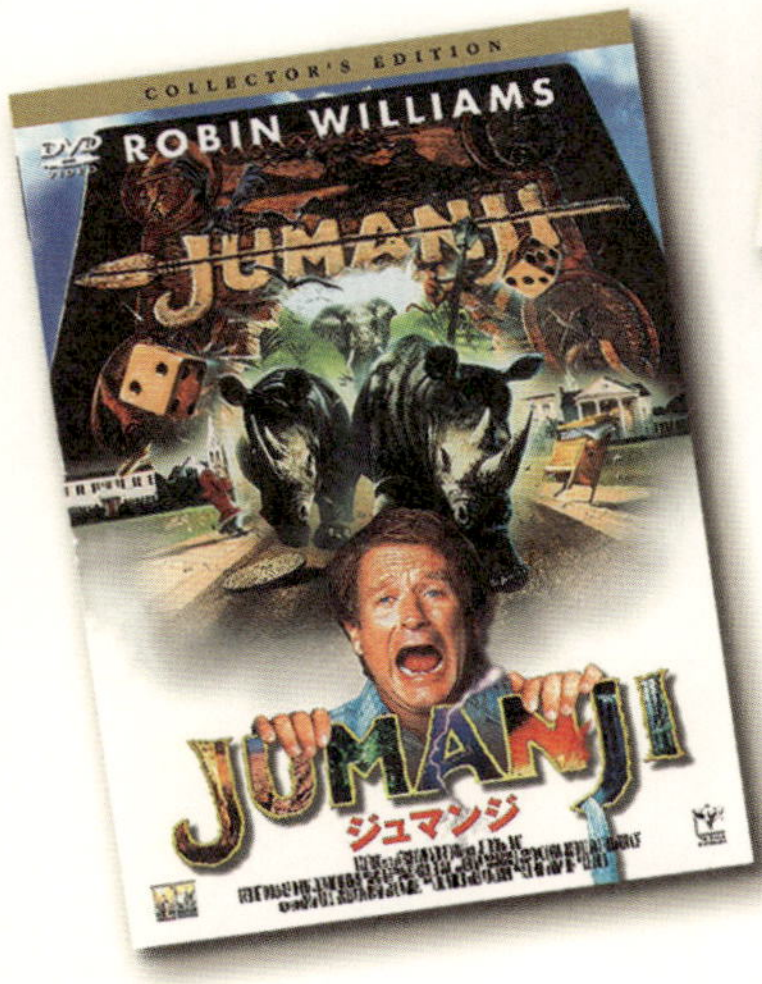

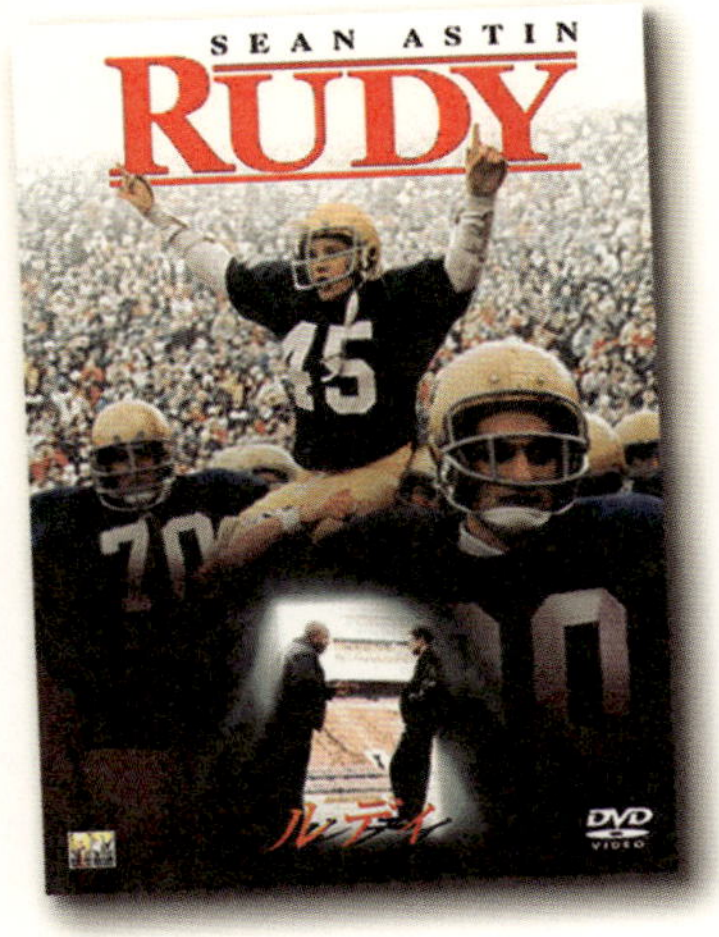

ルディ

幼い頃からフットボール選手に憧れていたルディは、
ノートルダム大学の名門チームでプレーすることを
夢見ていたが、経済状態と学力不足から進学をあきらめる。
しかし、親友の死をきっかけに、再び夢に向かっていく決心をする。
1993年／アメリカ

DVDはいずれも好評発売中
発売・販売：(株) ソニー・ピクチャーズ エンタテインメント　http://sonypictures.jp/

デジタル一眼レフで切り取る子どもの「一瞬」

子どもを撮るなら デジタル×一眼レフ

子どものいる家庭には、とにかくカメラは必需品である。今カメラを買うなら、フィルムを用いる従来からのアナログカメラではなく、やはりデジタルカメラという選択になるだろう。

一口にデジタルカメラと言っても、さまざまな種類がある。一般的なのは、比較的低価格で持ち運びにも便利なコンパクトタイプだろう。しかし、それに比べると価格帯としてはやや高めになるが、ここではあえて、デジタル一眼レフカメラをお奨めしたい。

その理由は、デジタル一眼レフが、まさに子どもを撮るという目的に適ったカメラだからである。

失敗を気にせず シャッターが押せる

デジタルカメラの急速な普及に伴って、現在、一般家庭における写真の撮り方自体が、大きく変わりつつある。

アナログカメラの場合、シャッターを押す回数にほぼ比例して、フィルム代や現像代、プリント代がかかっていた。必然的に、無駄な写真を撮らないよう、シャッターを押すのも慎重になる。相手が子どもなら、失敗しないよう、やたらと動かないよう注意する。撮られるほうも、まっすぐ立ってカメラのほうを見ている、記念撮影的な写真ばかりになる。

それに対してデジタルカメラの場合、失敗を恐れる理由はほとんどない。撮影したらその場で確認できるし、撮った画像すべてをプリントする必要もない。失敗した画像は簡単に削除してしまえる。

逆にとっておきたい画像は、パソコンのハードディスクやCDなどに保管しておけばよい。

プロのカメラマンは、たった一カットのためにでも、何回もシャッターを押し、その中から最もよく撮れている一枚を採用する。アナログカメラでアマチュアがその真似をするのは難しいが、デジタルカメラであれば、プロ並みにシャッターを押しまくることも許される。

カメラを向けたら 「動け！」

そうなると、何もお決まりの記念撮影的な写真ばかり撮る必要はない。じっとしていられない年代の子どもであれば、無理におとなしくさせて撮影することもない。自由に動き回らせて、その姿を撮ったほうが、変化のある、面白い写真になるはずである。

一眼レフタイプのデジタルカメラの真価は、こうした動きのある写真を撮るときにこそ発揮される。

たとえばキヤノンの「EOS 20D」などであれば、ピントや露出を自動的に調節してくれるため、運動会で子どもが走っている写真なども、カメラまかせで撮影することができる。

また、背景をぼかして、焦点の人物だけにピントを合わせるような凝った表現も、デジタル一眼レフであれば簡単に実現できる。「このカメラなら、絞りやシャッターについての知識がなくても、撮りたい写真のモードにダイヤルを合わせるだけで撮れる簡易撮影ゾーンが搭載されています」（キヤノン販売株式会社・カメラ商品企画部　土田正伸氏）

撮った写真はプリントアウトしよう

デジタルカメラで撮影した画像は、必ずしもすべてプリントアウトされるとは限らない。失敗した写真だけでなく、結構うまく撮れている写真ですら、撮りっぱなしで放っておかれるケースが、意外と多いのだ。

これでは、どんな写真を撮ったのかさえ、時間が経つと忘れてしまう可能性がある。思い出を形として残すためにも、撮った写真はぜひプリントアウトしておくべきだろう。

デジタルの場合、フィルムのようにDPEショップに頼まなくても、プリンタさえ用意すれば、自分でプリントすることができる。パソコンさえ必要とせず、デジタルカメラから直接プリントアウトできる機種もある。

また、携帯タイプのプリンタであれば、アウトドアで過ごしている時間を、その空気の中でプリントアウトすることも可能だ。

子どもの「一瞬」を切り取った写真は、いわば思い出を開く扉である。その写真がよく撮れていればいるほど、より強いインパクトを持って、その瞬間の思い出を甦らせてくれるのではないだろうか。

子どもの今《ライブ》を記録する

もともとカメラに興味があり、「どうせ買うならデジタル一眼レフを」と考えている男性は少なくない。予算的な問題で奥さんがいい顔をしないときは、コンパクトカメラでは撮影不可能な、デジタル一眼レフならではの写真の素晴らしさをアピールしてみよう。子どもという大義名分があれば、OKが出る可能性はかなりアップするはず。

EOS Kiss デジタル N

有効画素数約800万画素の大型単板CMOSセンサーと、映像エンジン「DIGIC II」を搭載した、シリーズ最小、世界最軽量のデジタル一眼レフカメラ。小型で軽いため、父親にも母親にも扱いやすい。
価格：オープン

EOS 20D

高剛性マグネシウムボディに、有効画素数約820万画素の大型CMOSセンサーと、映像エンジン「DIGIC II」を搭載したデジタル一眼レフカメラ。

写真に興味があり、道具にこだわりたい父親には特にお薦め。

価格：オープン

PIXUS iP8600

デジタルカメラからダイレクトで印刷できるインクジェットプリンタ。
超写真画質で、自動両面印刷も可能。
価格：オープン

SELPHY CP330

アウトドアで使うのにも便利な、
モバイルタイプのコンパクトフォトプリンタ。
価格：オープン

フォトブックサービスについて

EOS DIGITALシリーズなどのユーザーは、Webから会員登録することにより、オンラインフォトアルバムやオンラインプリントなどのサービスを利用することができる。
また、アルバム編集用のソフトをダウンロードして、自分のパソコン上で撮った写真を編集し、オリジナルのフォトブックを製作することも可能だ。データが完成したら、Webを通じて申し込めば、世界に一冊しかないわが子の写真集が送られてくる（有料）。

キヤノン http://canon.jp/

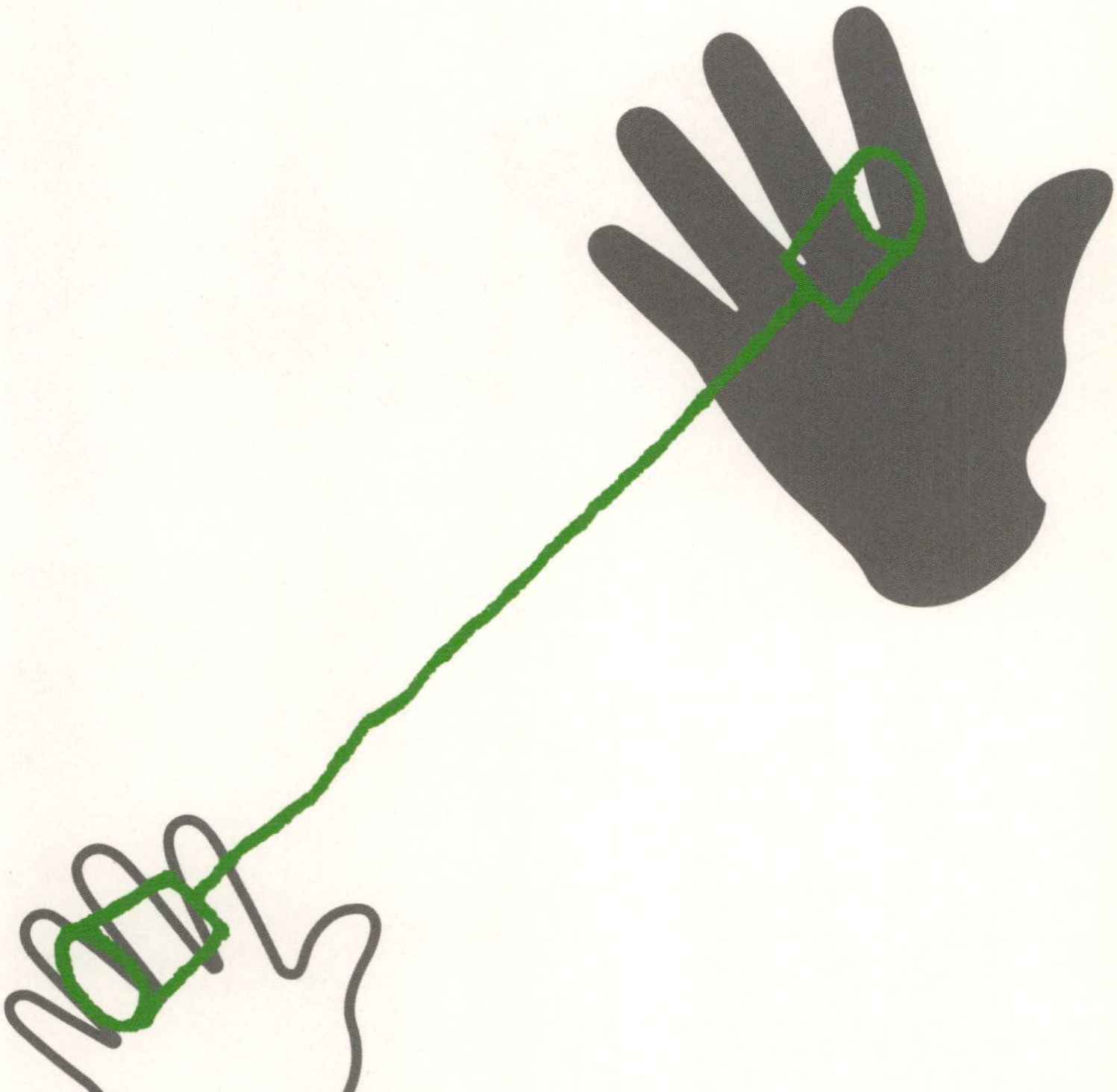

父親の役割は、子どもに感動体験を与えること

(株)タカラ 取締役会長
佐藤慶太

×

本物の経験が、生きる力、日々を楽しむ力になっていく

ダッドガレージ 代表
山本秀行

Dad-Garage
TALK SESSION

TALK SESSION

株式会社タカラ 取締役会長
佐藤慶太

Dad-Garage代表
山本秀行

日本有数の玩具メーカー、㈱タカラの取締役会長である佐藤慶太氏と「Dad-Garage Style Book」の編集人である山本秀行が、父と子の関係、そのコミュニケーションツールとしてのおもちゃについて語り合った。

山本　タカラさんは玩具メーカーですから、「父親と子ども」というのは非常に重要なテーマではないかと思います。たとえば商品開発でも、そうしたことはやはり意識されているんでしょうか。

佐藤　親と子の関係で言うと、最近、玩具の販売目標について話していたときに、マーケティングの責任者の一人が「毎年五万個コンスタントに売れるような商品を企画したい」と言ったんです。それで私は、「それは違うでしょう」と。

　われわれの基本的なスタンスは、自分の子どもに買って与えたいようなおもちゃを作る、ということなんです。その玩具が子どもたちの成長にどう役に立って、どのように必要とされるかを明確に意識して、いいものを作る。そういう商品ができれば、自分の子どもにも与えたくなるし、同世代の子ども全員に与えたいと思うでしょう。

　どういう子どもに向けて与えたいのか、その顔がはっきり見えているなら五万個という数字にも意味がありますが、相手の顔もわからないのに、五万個きっちり売れるということはあり得ない。まず、百パーセントの子どもに与えたい玩具を考えて、それを作っていくことが大切だと考えています。

山本　男の子か女の子かによっても変わってくるとは思いますが、親子二代で遊べるおもちゃというのも、今は結構ありますよね。タカラさんの場合だと、たとえばチョロQとか、人生ゲームとか。

佐藤　チョロQは昨年二十五周年で、今、二十六年目に入ったところです。まさに二世代のキャラクターに育ってきていますね。

　今までの当社のやり方だと、大人向けの商品は結構マニアックなものになっていて、子ども向けの商品開発とは完全に分けていたんですよ。今はそういうやり方を見直しているところで、子どもにとって有益で、かつ親子で楽しめる遊びを提案していきたいと考えています。

　そういう意味で、当社にとって二世代キャラクターというのは、これからさらに

二世代・三世代へとつながっていくおもちゃ

提案したいのは父と子の「感動体験」

五十年、百年と続けて、三世代、四世代につなげていきたい、重要な商品ですね。

山本　うちの娘は小学一年生なんですが、去年のクリスマスはサンタさんに人生ゲームをお願いしたんです。それで、サンタさんが人生ゲームを届けてくれたわけですけど、そのせいでうちは、年末年始はずっと人生ゲームばかりやってました（笑）。

私自身、子どもの頃はちょうど初代の人生ゲームを買ってもらって、よく遊んでいたんですよ。娘を連れてうちの実家に帰ったときは、三世代で人生ゲームをやって。

何十年か前に自分がやっていたのと同じ遊びを、今、自分の娘と遊べるというのが、非常に面白いと思ったんです。こういうのも、おもちゃの楽しみの一つですよね。

山本　二〇〇四年三月に、COREDO日本橋に「GARAGE」というショップをオープンさせましたよね。これは、まさに三十代・四十代のお父さん層をターゲットにされたものだと思うのですが？

佐藤　そうですね。これは、当社が「玩具を中核としたライフエンタテインメント企業を目指す」ということを打ち出したところから始まっているんです。「ライフエンタテインメント企業」という言葉は、どこにも明確に定義されていなくて、なんとなくはわかるけど、やっぱりなんだかわからない。そこで、この言葉をビジュアル化して、投資家や一般の人たち、それから社内の人間にもはっきりわかるような形で示したい、というのが出発点でした。

その第一歩として、当社の顧客層の中でも比較的厚い部分である三十代・四十代の男性向けのショップを作ろうということになった。もちろん、将来はあらゆるターゲットに向けたライフエンタテインメントショップを作ろうという目標があるわけですが、まずはこの層をターゲットにということで。

いろいろと事前調査をしたところ、この層が主役になって買い物にいけるようなショップというのは、実はあまりなかったんですよ。お母さんや子どもの買い物についていって、そのついでに何か買うといった、非常にかわいそうな状況だったんです。

タカラ
http://www.takaratoys.co.jp/

この層の男性は、どういうことを求めてお店にいくのか。何か提案をしていきたいと考えたときに、やはり、その年代の人たちというのはほとんどは父親ですから、子どもと一緒に感動体験を共有する、というのが一つのテーマとしてあるのではないかと。

山本　なるほど。「感動体験」というのはとてもいい言葉ですね。

佐藤　私も六歳と四歳の子どもの父親なんですが、私自身の子どもの頃のことを考えると、福島の田舎のほうで、父親と一緒に川へ遊びに行ったり、星を見たりといった感動体験が、今の自分の人格形成に大きく影響していることがわかります。

翻って今の自分を見てみると、子どもとは一所懸命遊んでいるつもりなんですが、私の父親が与えてくれたような、自然との触れ合いとか、そういった感動体験を与えられているかというと、ちょっと自信がないんですね。

GARAGEというショップも、企画段階の議論では、雑誌に載ってるような「モテるオヤジ系」的な提案もあったんですが、そういうのは一切排除しました。子どもと一緒に過ごして、感動体験を共有していく。そういうカッコよさを提案していこうということで、始めたんです。

山本　今の社会にはバーチャルなものが多いので、私も、子どもにはできるだけ本物を経験させたいと思っています。

たとえば、私は釣りが好きで、ときどき子どもを連れて防波堤釣りや舟釣りに出かけています。生きているエサをつけて、生きている魚を釣り上げ、釣った魚を私自身がさばいて食べさせる。そういう一連のことを子どもに見せてあげることが、とても大事なことなんじゃないかと思うんですね。

先日も、カワハギとかカサゴ、ベラなんかを釣り上げて、刺身や煮付けにして食べたんですが、自分で釣った魚だからこそ、子どももそれぞれの味の違いを楽しめる。ちなみに、うちの子どもは、ベラの煮付けが一番おいしいという評価でした。

魚釣りというのは、本物の命と向き合うことのできる体験ですよね。こういうことの積み重ねが、大人になったとき、人間としての幅になるし、生きる力、ひいては日々を楽しむ力になると思うんです。

子どもには本物を経験させたい

日々のコミュニケーションが大切

佐藤　子どもは、間違いなく親を見て育っていますよね。

この間、私が子どもに絵を描いてあげたんです。迷路を描いてくれと頼まれたので、他社さんのキャラクターを借りて（笑）、こっちに行くとクモの巣があって、こっちはまた別な障害物があって、最後はお城にゴール、といった感じのものを。

次の日、ちょっと子どもを置いて外に出かけて、帰ってきたら、それと同じ絵を自分でも描いていたんですね。もちろん六歳ですから大した絵ではないんですけど、本当に細かいところまで真似して、一所懸命描いてあったんです。

まあ親馬鹿みたいな話で、だからどうだというほどのことではないんですが、親のやったことを見て、それを自分の中に取り入れているということに感動したんですよ。

山本　佐藤会長は、やはり大変お忙しいと思うんですけど、そういう中で、お子さんとの時間は、どのように作っていらっしゃいますか？

佐藤　やはり子どもとの触れ合いは大切にしたいので、無理やりというか、かなり強引に時間を作っています。申し訳ないけど、休みはきちんと休むとかね。仕事も忙しいけど、子どもと遊ぶのも結構忙しいんですよ（笑）。

それでも子どもはどんどんエスカレートしていくので、今日は何時に帰ってくるんだとか、今度の休みはどうするとか、そういう会話が増えてます（笑）。

山本　私の場合は、夜は遅いんですが、朝、子どもと一緒に過ごす時間を大切にしています。共稼ぎで、妻は朝早く仕事に出るので、子どもとの二人だけの時間があるんですよ。

子どもが保育園に通っていた頃は、着替えさせて保育園に連れていってましたし、小学生になった今も、学校のことや友達のことなんかをよく話しています。休みに子どもと一緒に出かけるだけじゃなくて、やはり日常のコミュニケーションをおろそかにしてはいけないと思いますね。

「一緒に成長する」のが父親の役割

山本　ご家庭の中での、父親と母親の役割の分担ということについてはいかがお考えですか？

佐藤　うーん、専門的に勉強したことはないんですが、父親はやっぱり一緒に外へ出て行って、子どもに感動体験を与えるというのが役割だと思いますね。

　母親は、こういうことを言うと古典的だと怒られてしまうかもしれませんが、どちらかというと家の中にいて、子どもといつも接している。基本的なしつけの部分とかは、やっぱり母親の役目かな、とは思っているんですが。

山本　そうですね。やっぱり接している時間が長い分、どうしても日常のしつけは母親の役割になることが多いでしょう。

　父親については、私は、遊び心を持って、「一緒に成長することを楽しむ」スタンスが重要だと思っているんです。それから、こちらの答えを子どもに押し付けたり、早く答えを出させようとせかすのではなく、子ども自身に気づかせることが大切だと考えています。

　佐藤会長は、父親として、今後どのようなことをお子さんに伝えていきたいと思われますか？

佐藤　伝えていきたいというより感じてほしいのは、海へ行ったり、夜、星を見たりしたときに、きれいだなあと思う気持ち。そういう部分が素直に育ってほしいという思いは強いですね。

　そういう気持ちは人間にとってすごく重要だと思うし、また、親としてそういうことを子どもにいっぱい体験させたいと思っています。

山本　私は、いつも子どもに対して、意識的にかけている言葉が三つあるんです。

　一つ目は、「自分の気持ちを大切にしなさい」ということ。子どもの「自立心と自己肯定感」を育てたいという思いからです。他者に気持ちを委ねるのではなく、自分で考えること。そして、自分の気持ちやカラダ、時間を大切にする子どもは、相手の気持ちやカラダ、時間を大切にできる子どもになると思っています。

　二つ目は、ものごとに取り組むときの姿勢として、「集中すること、あきらめな

Dad-Garage
http://www.dad-garage.com/

ライフエンタテインメントショップ「GARAGE」（運営：株式会社タカラ）　http://www.garage-shop.net/

いこと」です。これは、子どもがかなり小さいときから言っていて、お絵描きや工作を始める前には、「大切なことは何？」と子どもに聞いていました。子どもも「集中すること。最後まであきらめないこと」と言ってから、絵を描き始めていました。

そして三つ目が、「夢や目標を持つこと。それに向かって努力すること」です。これは、子どもが小学生に入ってから、よく話すようになりました。「大人になったら、どんな仕事につきたいのか？」「なんのために勉強するのか？」とか、言葉はいろいろと変えているのですが……。

山本　最後に、今三十代・四十代で、ビジネスマンとしてもがんばっているお父さんたちに、何かメッセージをお願いできますか？

佐藤　小学生以下、中学校に上がる前ぐらいの子のお父さんには、やはりもっともっとお子さんと遊んでほしいと思っています。

皆さんが、ご自分のお父さんとどういう接し方をしてきたかはわかりませんが、たぶん振り返ってみると、父親から与えられたものってすごく多いと思うんですよ。

自分自身が感動できるようなことを子どもと一緒にやって、子どもに感動を与えてあげる。決して教育的に子どもに何かを教えるということじゃないんですが、それでも、十分子どもは教わっていると思います。

私が小学校の二年か三年のとき、父親と一緒にスキーに行ったんです。そのときの父親はすごくスキーがうまく見えて、プロじゃないかと思ったぐらいで。でも、十八・九になって自分がスキーをやり始めて、父親を見たら、へたくそなんですよ（笑）。

やっぱり父親ってそのぐらい、子どもにとっては大事で、輝いている存在なので、その頃父親と何かをするのは子どもにとってすごく大きなことなんです。ぜひ、お子さんにそういう姿を見せてあげてほしいですね。

山本　本当に、その頃の子どもにとって、お父さんってスーパーマンのような存在なんですよね。

本日はどうもありがとうございました。

お父さんは輝いている

最近、あなたは子どもと共に学んでいますか？

PAPER PLANE
TABLE GAME
COSMOS
ELECTRONIC KIT
ROBOT

忘れかけていた青空を、子どもと一緒に取り戻す

青空を見上げる体験

大人になると、子どもの頃に比べてあまりしなくなることというのがいくつかある。「空を見ること」も、おそらくその一つであろう。夜の星空はまだしも、昼間の青空は、なんとなく目に入ってはいても、意識して見上げることというのは、おそらくほとんどないのではないだろうか？

たとえば、よく晴れた休みの日、子どもと一緒に広い公園に出かけて、紙飛行機を飛ばしてみるといい。自分がいかにふだん空を見ていなかったか、改めて思い知らされるはずだ。

子どもの頃はよく空を見上げていたのに、いったいいつ頃から空を見なくなっていたのだろう？　そして、子どもの頃、自分はいったいどういう思いでこの空を見上げていたのだろう？

紙飛行機を飛ばすことを通じて、その感覚を思い出すことができるかもしれない。たぶん、自分が子どもの頃に感じていた空への憧れを、自分の子どもと同じ場所に立って、一緒に再確認することができるはずだ。

空へのアプローチとしての紙飛行機

「紙飛行機」と聞くと、子どもの頃に新聞のチラシなどで作った、折り紙飛行機を思い出す人も多いだろう。しかし、ここで言っている紙飛行機は、より遠くへ飛ばせるように設計され、組み立てて遊べるキットとして販売されている、本格的なペーパーグライダーのことである。

「鳥のように空を飛んでみたい」という憧れは、年齢や性別に関係なく、誰もが心の中に秘めているのではないだろうか。もちろん人間は空を飛ぶことはできないけれど、紙飛行機を飛ばすという行為が、空に対する憧れから生まれた、空へのアプローチの一つであることは間違いない。

地上や水上を移動するのは、もともと人間にとってそれほど難しいことではなかったし、そのための乗り物も、歴史上、比較的早い時期から作られていた。しかし、ライト兄弟が初めて動力飛行に成功し、人間がある程度自由に空を移動できるようになったのは、今からほんの百年余り前のことでしかない。

つまり、「空を飛ぶ」という夢を実現するために、人類は長い期間にわたる研究と試行錯誤を必要としてきたわけだ。飛行機というのは、こうして蓄積された各種の理論やノウハウの集大成といえる。

紙飛行機も、ただ飛ばすだけなら初めての子どもにでもできるが、より遠くへ、より長い時間飛行させたいなら、本物の飛行機と同じ、科学的な知識や技術が必要となってくる。

航空力学に基づいたペーパーグライダー

現在、株式会社エー・ジーから、「ホワイトウイングス」というブランド名で販売されている製品は、「紙飛行機の父」として知られる工学博士の二宮康明氏が設計したものだ。また、二宮氏設計の紙飛行機は、雑誌や書籍などでも発表されており、本のページを切り抜いて組み立てられるようになっているものも多い。

これらの紙飛行機は、航空力学に基づいて設計されているため、うまく飛ばすことができれば、その飛行距離や滞空時間は、おそらく普通の人が「紙飛行機」と聞いて思い浮かべるそれを、はるかに超えたものとなるだろう。

うまく気流に乗れば、一分以上の滞空、三百メートル以上の飛行も不可能ではない。飛びすぎて、視界から消えてしまうこと（「視界没」という）さえあるという。

ただし、そのためには、紙飛行機を正しく組み立てることはもちろん、飛ばす際にも、それなりの知識や技術が必要となってくる。たとえば、飛ばす日の気象、風向きや風の強さを調べて、それに応じた飛ばし方をしたり、何度か試しに飛ばしてみて、その飛び方を見ながら主翼や尾翼を微調整するといったことだ。

子どもにとっては、まず最初は工作であり、さらに遊びながら、知らず知らずのうちに

科学的な知識や考え方を身に付けることができる。加えて、自然環境の厳しさやすばらしさを身をもって知ることができるといったメリットが、紙飛行機にはある。

親子が同じレベルで楽しめる遊び

休日に、父親が子どもと一緒に楽しむ遊びとして、紙飛行機はかなりお勧めである。

飛ばすために体力が必要なわけでもないので、親子が一緒に始めて、同じレベルで楽しむことができる。最初からうまくは飛ばせないけれど、コツさえつかめば子どもでも遠くへ飛ばすことができるようになる。もちろん、子どもの頃に紙飛行機を飛ばしたことのある父親であれば、経験者として子どもにちょっといいカッコをすることもできるだろう。

また、紙飛行機自体、金額的にそれほど高いものではない。広い場所があればどこででもできるという利点もある。これからやってみようと思い立ったとき、その敷居はかなり低い。

一方で、紙飛行機の組み立てについては、はさみで切って、のりで貼って、乾かして……という一連の作業が、特に子どもにとっては、最初のうち、少し面倒に感じられるかもしれない。

「今の子どもは、誘惑されるものが多いせいか、集中力がないなどと言われますね。また、塾などであまり時間がないからか、時間をかけてじっくり紙飛行機を作ってくれる子が減っているように思います。それで、あらかじめ型を抜いておいたり、のりを使わなくても紙飛行機が組み立てられるような製品も発売しています。とりあえず、まずうちの製品を手にとってもらえれば、すごく飛ぶということはわかってもらえると思ってますから」

（株式会社エー・ジー・代表取締役社長　荒木敏彦氏）

「ホワイトウイングス」シリーズには、誰にでも簡単に作れて飛ばせる初心者向けのモデルから、より遠くへ飛ばせるものの微妙な調整が必要となる中級・上級者向けのモデルまで、ユーザーのレベルに応じたさまざまな製品がラインナップされている。

飛ばす場所の選び方

広い場所があればどこででもできる、と書いたが、紙飛行機が飛ばせるような広い場所が近くにない、という人もいるかもしれない。たとえ広くても、人が多い公園などでは、いかに紙製とはいえ、危険がないわけではない。

このような場合はやはり父親の出番で、安全に紙飛行機が飛ばせる公園や河川敷などまで、自動車を走らせてもらうことになる。株式会社エー・ジーが運営する「ぶっとびプレー

写真は『いますぐはじめる紙飛行機』（ジャイブ刊）より

ン」のホームページ（http://www.buttobi-plane.com/）などでは、紙飛行機を飛ばすのに適した全国の公園も紹介されている。

紙飛行機愛好家がよく利用している公園であれば、ベテランに飛ばし方のアドバイスを受けることもできるかもしれない。

紙飛行機の大会に挑戦してみよう

紙飛行機を作り、飛ばすという経験を重ねて、より長く、遠くへ飛ばせるようになってきたら、ほかの人たちとも競争してみたい、という欲求も生まれてくるに違いない。そんな場合は、親子で紙飛行機の大会に参加してみるのもよいだろう。

紙飛行機の愛好者の数は多く、毎年、各地でさまざまな紙飛行機の大会が開かれている。その中には、もちろんグレードの高い競技者向けの大会もあるが、子どもから高齢者まで、紙飛行機が好きな人なら誰でも気軽に参加できる大会も少なくない。

中でも大きな大会としては、日本紙飛行機協会が主催する「ジャパンカップ全日本紙飛行機選手権大会」がある。

二〇〇四年に北海道のヤマハリゾート キロロで開催された第十一回ジャパンカップでは、滞空競技、デザイン競技、ジャンボ紙飛行機競技、ふれあい競技といった競技のほか、紙飛行機教室などのイベントも行われた。

ジャパンカップの場合、一つの競技の中でも、飛ばし方（手で投げる方法のほか、ゴムカタパルトを使う方法もある）や機種、年齢などに応じたクラス分けがあり、広い範囲の人たちが参加できるような配慮がされている。実際、この第十一回大会には、七歳から七十二歳までの幅広い年齢層の人たちが参加し、滞空時間などを競い合った。

また、最近では紙飛行機愛好者同士によるネットなどでの交流も盛んになっている。

たとえば、各地にある紙飛行機団体などが協力して、ネットを通じた全国規模の大会も行われているという。

このように見てくると、紙飛行機という遊びが、簡単に始められる割に、奥の深いものであることもわかってもらえるだろう。今度の休日、忘れかけていた青空を取り戻すために、紙飛行機を持って、子どもと一緒に出かけてみてはいかがだろうか？

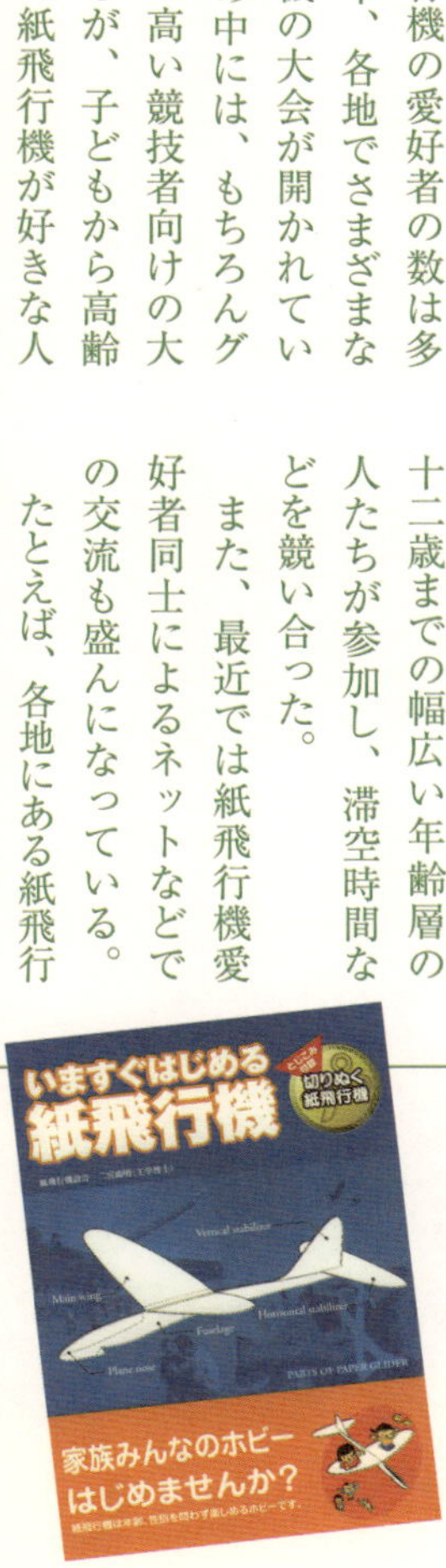

紙飛行機の楽しさと始め方を、
写真とマンガで紹介した一冊。
切り取って組み立てられる
紙飛行機も付いている。

『いますぐはじめる紙飛行機』
二宮康明／紙飛行機設計
ジャイブ　定価667円＋税

風と遊ぶ。

ここでは、株式会社エー・ジーから発売されている紙製、およびスチレン製のプレーンを紹介する。

バルサタイプ3機種キット、ペーパータイプ3機種キットは、いずれも基本的な「ホワイトウイングスシリーズ」の入門用機種。

「ホワイトウイングスEZシリーズ」は、シール付きなので、誰でも簡単に制作することができる。

また、「とぶとぶプレーン」は、はめこむだけで組み立てられる、スチレン製のプレーンである。

バルサタイプ競技用機 3機種キット

カット済み図面とバルサ胴がそれぞれ3機種と、カタパルトセットを含むパッケージ。

制作時間は1機当たり約30分。

価格:819円(税込)

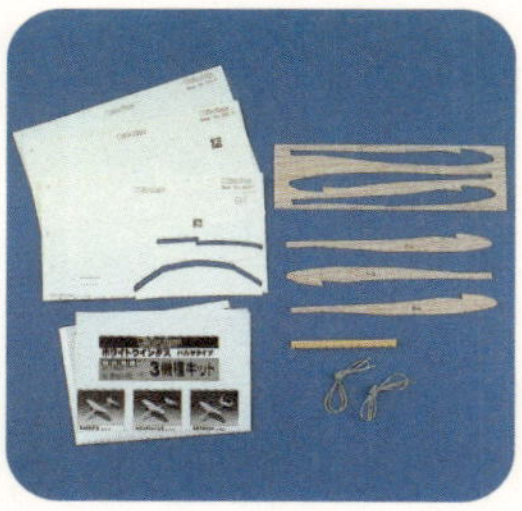

ペーパータイプ競技用機 3機種キット

カット済み図面が3機種と、カタパルトセットを含むパッケージ。

制作時間は1機当たり約40分。

価格:819円(税込)

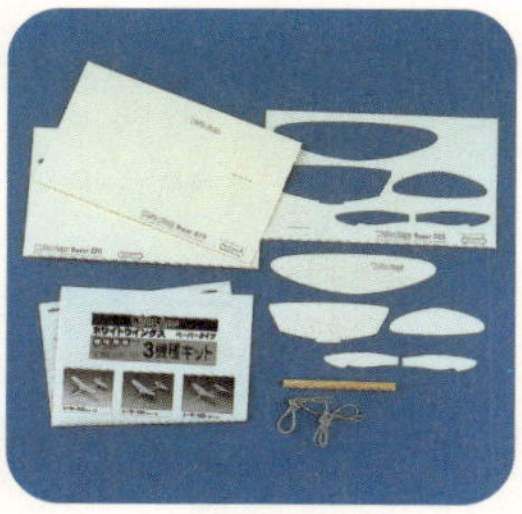

レーサースカイカブⅣ
バルサタイプ競技用機

サンダードラゴン
バルサタイプ競技用機

ホワイトウイングス EZシリーズ

カット済みシール付き図面とバルサ胴、カタパルトセットを含むパッケージ。シールタイプなので、5分で簡単に制作できる。

価格：各367円（税込）

レッドフェニックス
バルサタイプ競技用機

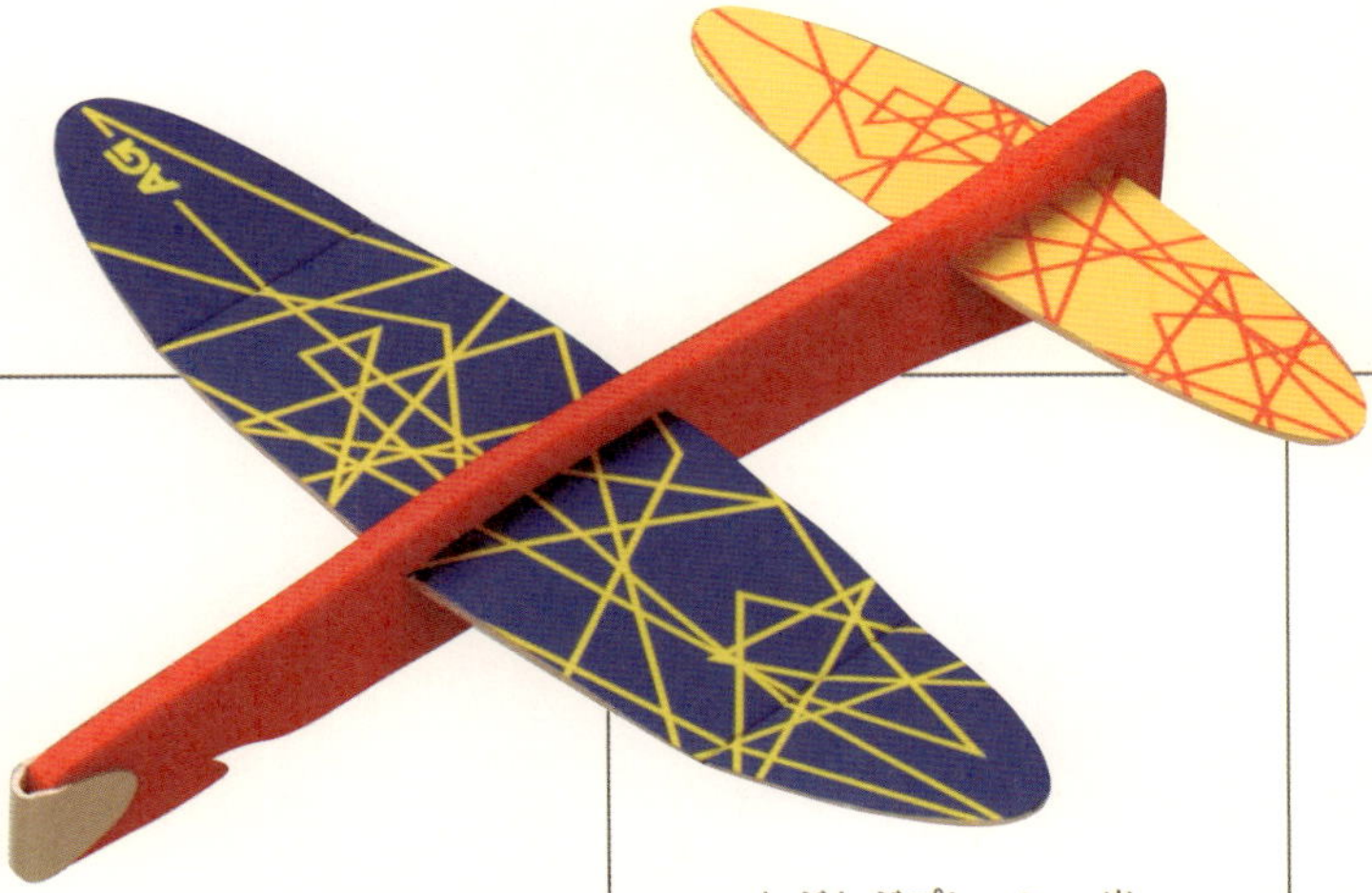

とぶとぶプレーン　光

とぶとぶプレーン

はめこむだけで簡単に作れる、スチレンタイプのプレーン。

価格：各315円（税込）

とぶとぶプレーン　花

とぶとぶプレーン　数字

エー・ジー　http://www.agport.co.jp/
ホワイトウイングス　http://www.whitewings.com/japan/

子どもに戻って子どもと遊べる室内ゲームの超定番

みんなが集まったとき遊ぶ「ゲーム」は?

「ゲーム」という言葉を聞いて、今の子どもが(ひょっとしたら大人も)まず思い浮かべるのは、コンピュータを内蔵したゲーム機かもしれない。最近は種類も豊富で、それに輪をかけて、膨大な数のソフトが発売されている。

しかし、このようなゲームは、基本的に、大勢ではできないものが多い。また、ある程度は慣れも必要で、ふだんやったことのない父親がたまに子どもと一緒に遊ぼうと思っても、なかなか同じレベルで競い合うことはできない。

たとえば、クリスマスやお正月。家族で、あるいは親戚や友人が大勢集まって、何かゲームでもして遊ぼう、という話になったとする。こんな場合の「ゲーム」は、やはりコンピュータゲームではないだろう。トランプやカルタも悪くはないが、こういう場面で大活躍するのが、「人生ゲーム」である。

今は父親となった人も、子どもの頃、一度や二度はこういったシチュエーションを体験した記憶があるはずだ。たとえ自分の家になかったとしても、おそらくほとんどの人が、親戚や友達の家で、人生ゲームで遊んだ思い出があるのではないだろうか。

基本仕様は昔と同じ

人生ゲームは、もともとはアメリカの「THE GAME OF LIFE」というゲームが原型である。日本に翻訳されたのは一九六八年のことで、「アメリカンゲームシリーズ」の一つとして、タカラから発売された。

以来三十七年、人生ゲームは今も現役である。もちろん、少しずつ、独自のモデルチェンジは重ねてきたものの、自動車型のコマに、人を表す青とピンクのピンを挿し、ルーレットの目に従って進んでいくといった基本ルールや、立体的な山や建物、ドル単位の紙幣、各種の保険や株、赤い約束手形、さらにルーレットのカタカタ音まで、親の世代が子どもの頃に遊んだものと、ほとんど変わっていない。

もっとも、マス目に書かれている文章は、時代に合わせて変化している。たとえば、初代では「牧場のあとつぎになる」「火星から使者がきた」「羊がとなりの家のランを食った」といったコピーがあったが、現在の製品には「カラオケでストレス解消」「インターネットで自分のホームページを作る」といった内容が出てくる。「初代は、いかにも当時のアメリカといった独特のテイストがありました。初代に敬意を表して、宇宙人や羊は現在の製品にも登場させているんですよ」(株式会社タカラ・ライフマーケティング部　地引純一氏)

人生ゲームで人生は学べるか?

人生は山あり谷あり。IT

産業で一発当てて億万長者になるかもしれないし、リストラされて一文無しになるかもしれない。

そんなことを子どもに教えるための教材として人生ゲームが適しているかどうかはともかく、親と子どもが一緒に遊ぶのには、このゲームは間違いなくうってつけである。

難解なゲームでは小さな子どもと一緒に楽しめないし、かといってあまり単純なゲームでは、大人は面白くないし、子どももすぐに飽きてしまうだろう。人生ゲームの場合、適度に頭を使う必要はあるけれど、基本的には「すごろく」であり、技術よりも運が勝敗を左右する。そういう意味で、勝つチャンスは、大人にも子どもにも平等に存在している。

また、人生ゲームで「人生」を学べるかどうかはわからないが、「就職」や「結婚」、「出産」など、そのさまざまな断面を垣間見ることは可能である。

たとえば、お金。小学生には縁のない額のお金をやり取りする過程を通して、お金の大切さやお金を儲ける楽しさを学ぶことができる。小学校低学年であれば、もちろん計算の練習にもなるだろう。

さらに、その仕組みは現実よりもシンプルではあるものの、「保険」や「株」といった概念に触れ、その機能を、漠然とでもイメージできるようになる。

子ども時代を追体験できるゲーム

もちろん、ゲームは「何かを教わろう」と思ってするものではない。人生ゲームは、単純に楽しいから、これほど長く人気を保ち続けてきた。

父親は、自分自身の経験から、人生ゲームの楽しさ、そしてこのゲームを通じて何が得られるかをよく知っている。このゲームが今も変わらず発売されていることで、それを自分の子どもにも同じように与えることができる。

同時に、自分自身も、子どもの頃を追体験するように、もう一度このゲームを楽しむことができるわけだ。

「人生」を楽しむ

アメリカの「THE GAME OF LIFE」の日本語版として一九六八年に発売されて以来、現在までに、人生ゲームにはさまざまなバリエーションが生み出されてきた。

オリジナルの流れを汲むオーソドックスなスタイルの人生ゲーム以外にも、コピーなどが大人向けで遊び心にあふれた「平成版」や、さまざまなキャラクターを主役とした人生ゲームなどが発売されている。

ここでは、初代・人生ゲームと、現在発売されている人生ゲームのバリエーション、さらにかつて人生ゲームと同じ「アメリカンゲームシリーズ」として発売されたゲームの復刻版を紹介しよう。

初代人生ゲーム（生産終了）

タカラ・アメリカンゲームの1つとして、1968年9月に発売された。盤面デザインはアメリカ版を踏襲。マス目のコピーも直訳で、いかにも当時のアメリカらしいスケールの大きなものが多い。「人生、山あり谷あり……」のコピーで知られるTVCFでヒット商品となった。

人生ゲームBB（ブラック＆ビター）

家族の中でも特に「お父さん」を意識した、現実味溢れる人生ゲーム。何事も一筋縄ではいかない現代世相が盛り込まれ、人生の「山と谷」がより明確になっている。また、パチンコ・競馬、株チャレンジなど、ギャンブル性の高いイベントも盛り込まれている。

メーカー希望小売価格：3,780円（税込）

メーカー希望小売価格：3,129円（税込）

メーカー希望小売価格：3,129円（税込）

アメリカンゲームシリーズ

37年前、人生ゲームと同じ「アメリカンゲームシリーズ」として発売されていたゲームも、次々と復刻されている。現在発売されているのは、「手さぐりゲーム」「レーダー作戦ゲーム」「よこどりゲーム」の3種類。

メーカー希望小売価格：2,604円（税込）

人生ゲームRD（レインボードリーム）

明るくラッキー＆ハッピーになることをテーマとした人生ゲーム。新システムの「ラッキーカード」により、一見災いと思えるマス目も福に転じることができる。また、「2種類の宝くじ」や「高額お宝カード」などの一攫千金イベントも用意されている。

メーカー希望小売価格：3,780円（税込）

メーカー希望小売価格：3,780円（税込）

人生ゲームEX（エクストラ）

「人生はひとつじゃない」のキャッチコピーどおり、従来版をリニューアルした「ベーシックステージ」と、世界旅行をテーマとした「ワールドステージ」の2つの盤面が楽しめる。

タカラ 人生ゲーム　http://www.takaratoys.co.jp/jinsei/

親子で共有するリアルタイムの宇宙

夜出かけていくワクワク感

休みの日の前日。夕食も終わり、いつもならそろそろベッドに入る時間。突然、お父さんが「星を見にいこう」と言い出した。

厚着をして外へ出ると、吐く息が白い。夜、どこかに出かけるなんてことはこれまでにはなかった経験で、それだけでなんだかワクワクしてくる。

お父さんの車の助手席に乗って、近くの川原までいく。お父さんは、トランクから買ったばかりの天体望遠鏡を取り出し、セッティングを始める。周囲にはほとんど明かりはなく、肉眼でも、いつもより星がくっきりと見える気がする。

お父さんは、望遠鏡を三脚に取り付けると、レンズをのぞき込み、目標に合わせていろいろと調節する。「よし、いいぞ」という言葉に促され、期待に胸を膨らませつつ、僕はレンズに目を当てる……。

子どもの頃、もしこんな体験をしていたら、きっと天文学者、あるいは宇宙飛行士にもなれていたかもしれない。

実際にはそんな出来事はなかったとしても、今から自分の子どもにそういう体験をさせてあげることは可能だ。

まず月をのぞいてみよう

今の父親たちが子どもだった頃、天体望遠鏡は非常に高価な印象があり、手の届かない憧れの代名詞のような存在だった。

現在では、子どもに、おもちゃのように気軽に買って与えられるというほどではないにしても、決して手の届かない製品ではなくなっている。

もちろん、遠くの星、たとえば土星の環を見たいと思ったら、それなりの口径・倍率のレンズを備えた、比較的上級の機種が必要となる。最初はそこまでは欲張らず、入門的な機種で、まずは手近な「月」を見るところから始めてみるといいだろう。

月なんか肉眼でも見える、と思うかもしれないが、望遠鏡のレンズを通してのぞいてみると、その違いは明らかである。クレーターを実際にその目で見たら、誰でも間違いなく感動するはずだ。

また、遠くにある星の場合、慣れないうちはレンズの中央に捉えるのに苦労するかもしれないが、月であれば目標が容易に発見でき、焦点を合わせやすいという利点もある。

今見ている光景を共有する方法

自分が今見ている星について誰かと語り合いたいと思っても、夜の空は広くて深い。指を差しても、なかなかどの星のことを言っているのか、相手には伝わりにくいものだ。

また、天体望遠鏡も、基本的には一人だけでのぞき込むものであり、自分が今見ている光景を、リアルタイムで他の人と共有することはできない。

望遠鏡に一眼レフカメラを取り付けて天体を撮影する方法は従来からあったが、最近では望遠鏡が捉えた画像をデジタルカメラによってリアルタイムで確認することも可能になっている。

さらに、たとえばケンコーの「スカイウォーカー」シリーズのように、望遠鏡とパソコンをUSBケーブルで接続して、レンズの向こうの映像をパソコンのモニターに映し出すことのできる製品も登場している。

天体望遠鏡と一緒にノートパソコンを持っていけば、まさに今見えている天体について、子どもと語り合うことができるわけだ。

より遠くの星を見るために

いったん天体観測の奥深い魅力にとりつかれたら、次は月以外の星も見てみたくなるだろう。そうなると、天体望遠鏡も、初心者向けの機種から、より上位の機種が必要となってくる。

ただし、単純に倍率が高ければ、遠くの星がよく見えるというわけではない。

「レンズの口径に応じた適正倍率というものがあり、それを超えて倍率を高くしても、暗くなって見えにくくなるんです。何を見たいのかによって、適切な口径と倍率の組み合わせを選ぶ必要があります」（株式会社ケンコー・国内営業部田原栄一氏）

また、天体観測は、夜間に外出しやすい夏場によく行われているが、実際には空気の澄んでいる冬のほうが適しているという。

とはいえ、星空の姿は、季節ごとに大きく変化する。四季それぞれに天体観測に出かけ、その違いを親子で話し合ってみるのも、子どもにとってはいつまでも印象に残る、貴重な体験となるはずだ。

宇宙への窓を開く

一口に天体望遠鏡といっても、その種類や性能にはさまざまなバリエーションがある。それこそ入門者用から、研究者が使用するハイエンドのものまで、レベルに応じて、その価格帯も非常に幅広い。ここでは、とりあえず子どもと一緒に天体観測を始めてみたい人に最適な製品、さらに宇宙に親しみを持ってもらうのに適した関連製品を紹介する。

スタードリーム

部屋や車の中など、
場所を選ばず天空の星座を
映し出すことができる、
ホームプラネタリウム。
価格：オープン

パソコンプラネタリウム　星空散歩

地球上のあらゆる場所の星空を再現できる
プラネタリウムソフト。天体名などを調べるのにも便利。
価格：オープン

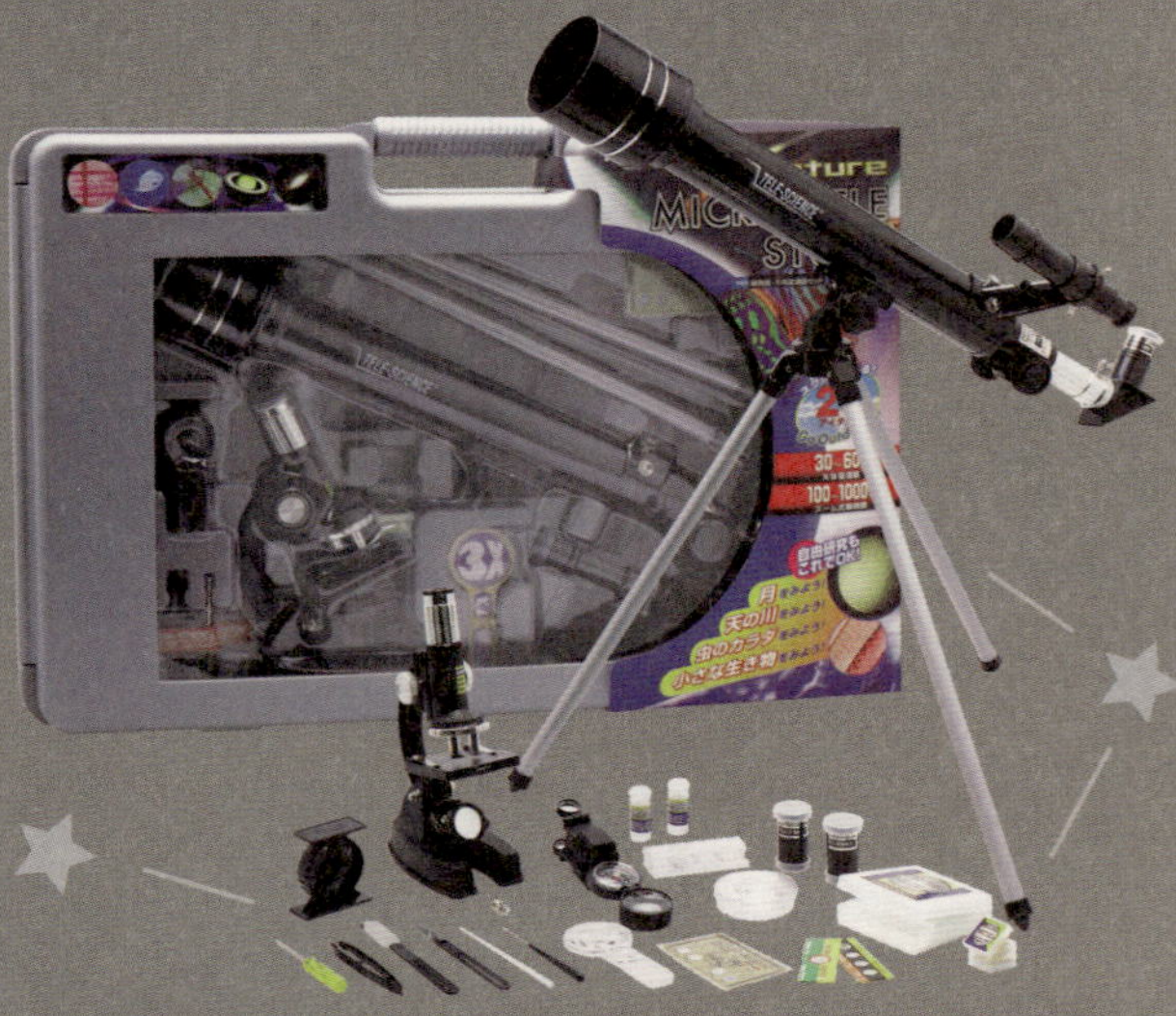

Do Natureシリーズ
STV-6000S

顕微鏡と天体望遠鏡を組み合わせたセット。
このシリーズには、ほかにも暗視スコープと
集音器のセット、顕微鏡と解剖用具のセット
などがあり、子どもの知的好奇心を
刺激してくれる。
価格：オープン

SKY WALKERシリーズ
SW-II PC

CMOSカメラをパソコンに接続し、その画面に星空を表示できる天体望遠鏡のシリーズ。SW-II PC以外にも、観測スタイルに応じて5機種から選ぶことができる。
価格:オープン

望遠鏡の倍率と天体の見え方の関係

望遠鏡は、その口径に応じて、よく見える最大の倍率(最高倍率)が決まっている。口径60mmから100mmの場合、各天体は、適正な倍率でそれぞれ次のように見ることができる。

天体	倍率	見える程度
月	40×〜150×	無数のクレーターや山脈、海の凹凸
水星	60×〜100×	三日月形がわかる
金星	60×〜100×	満ち欠けや大きさの変化がわかる
火星	90×〜150×	大接近のとき、うすい模様が見える
木星	70×〜150×	ガリレオ衛星、しま模様が見える
土星	70×〜150×	環や本体のしま模様が見える
二重星	40×〜150×	100個以上見える
変光星	30×〜50×	10等級以上のもの約500個
星雲・星団	20×〜100×	200個以上見える

ケンコー　http://www.kenko-tokina.co.jp/

「科学する心」を育てる電子のおもちゃ

昔の「科学少年」が憧れた電子ブロック

子どもの頃、学校の理科の勉強はさておき、なんとなく「科学っぽいもの」が好きだったという人は多いだろう。特に現在三十代～四十代の男性の場合、当時の「子ども文化」（子ども向けの小説やマンガなど）には、SFなど科学っぽい要素が含まれていたし、雑誌にもそうした記事がたくさん載っていた。

中でも学研の「科学」と「学習」には、まさに子どもの科学心をくすぐるような付録がついていた。こうした付録で科学への関心を高められた子どもが、一九七六年に発売された「電子ブロック」に興味を持たなかったはずがない。

とはいえ、当時にして一万三千円（EX-150の場合）という高価な「おもちゃ」である。ほとんどの子どもは買ってもらえるはずもなく、泣く泣くあきらめざるを得なかった。

そういう子どもが成長して大人になり、ある程度は自由に使えるお金もできた。そんなとき、昔は買えなかった「電子ブロック」が復刻されているのを知ったとしたら……これは、つい買ってしまいたくなるのが人情というものだ。

父から子へと伝わる「科学する心」

「電子ブロック」は、抵抗やコンデンサ、トランジスタ、ダイオードといった電子部品のブロックを組み合わせて、ラジオや警報機、うそ発見機などの電子機器を作ることのできるキットである。学研の「大人の科学」シリーズの一つとして、二〇〇二年に発売された。

もちろん、ターゲットは、昔実際にこれで遊んだり、欲しくても当時は買えなかった「電子ブロック世代」である。発売前は一万セット程度と予測していた売り上げも、ふたを開けてみると、十万セットを超えるヒット商品となった。それだけ、この世代の大人が電子ブロックの復刻を待ち望んでいたということであろう。

一方、今時の子どもが、こうした「おもちゃ」に関心を持ち、新たなユーザーとなるケースは、それほど多くないかもしれない。しかし、最初は関心がなくても、父親が興味を持ってやっていることは、自然と子どもにも伝わっていく。

懐かしさから購入した父親が、実際に家で何かを作ってみる。横で見ていた子どもたちが関心を持ち、「何それ？」とたずねてくる。それで父親は電子ブロックについて説明し、一緒に別の電子回路を組み立てていく。

そこから生まれる父と子のコミュニケーションもあるし、これがきっかけとなって、子どもが科学に関心を持つこともあるだろう。

電子ブロックの秘密は解けるか？

説明書に記載されている電子回路も、当時とほとんど同じものが再現されている。とはいえ、トランジスタなどは当時と同じものが入手できず、一部の回路は組み方を変更している。また、どうしても再現できないものもあり、その分は新しい回路が追加されているという。

かつて「電子ブロック」を購入した当時の科学少年たちは、いわば当然の前提として、電子回路に関する基本的な知識を持っていた。そのため、この説明書に掲載されているのもほとんど回路図だけで、その仕組みや原理に関する説明はまったくなかった。

学研「大人の科学」シリーズの担当者である金子茂氏は、電子ブロックを復刻するにあたって、まず説明書の電子回路の動作を一つ一つチェックし、さらに電子回路そのものについても改めて勉強し直した。その過程で、アナログの電子回路に関する、初心者向けのわかりやすい解説書がほとんどない現状を知ったという。

同社から発行されている『学研電子ブロックのひみつ』という本は、各電子回路についてのより詳細な解説であるとともに、電気や電子回路に関する格好の入門書ともなっている。もちろん、一緒に電子ブロックで遊んでいて、子どもに何か質問されたときの、お父さんの「虎の巻」ともなる。

「ただ、子どもに対しては、安易に正解を与えないことが大事だと思っています。その解答をお父さんが知っていることは必要ですが、答えを教えるのではなく、その考え方を教えてあげる。自分で考えて正解にたどりつかないと、やはり本当の理解には結びつきませんから」（金子氏）

大人が遊べる科学キット

「電子ブロック」を含む「大人の科学」シリーズは、
その名の通り、大人をメインのターゲットに想定している。
ただし、これは必ずしも「大人専用」という意味ではない。
大人が興味を持てる題材を扱ってはいるが、
親子で一緒に楽しめるような科学キットがラインナップされている。
ここでは同シリーズから三点と、「大人の科学」の
雑誌版ともいえる「大人の科学マガジン」を紹介する。

大人の科学
マガジン

製品版「大人の科学」
編集部による、
付録つき大人の科学雑誌。
すでに1号～6号まで出ている
（2005年2月現在）。

学研電子
ブロックのひみつ

復刻版学研電子ブロックの
ガイドブック。
電気や電子回路の
入門書としても最適。
学研電子ブロック
EX-150とのセット販売もある。
価格：1,890円（税込）

学研電子ブロック
EX-150

1976年に発売されて
ブームとなった
「電子ブロック」の復刻版。
ブロックの組み合わせで、
ベーシックなアナログ電子回路の
実験ができる。
価格：10,290円（税込）

磁界検知式鉱石ラジオ

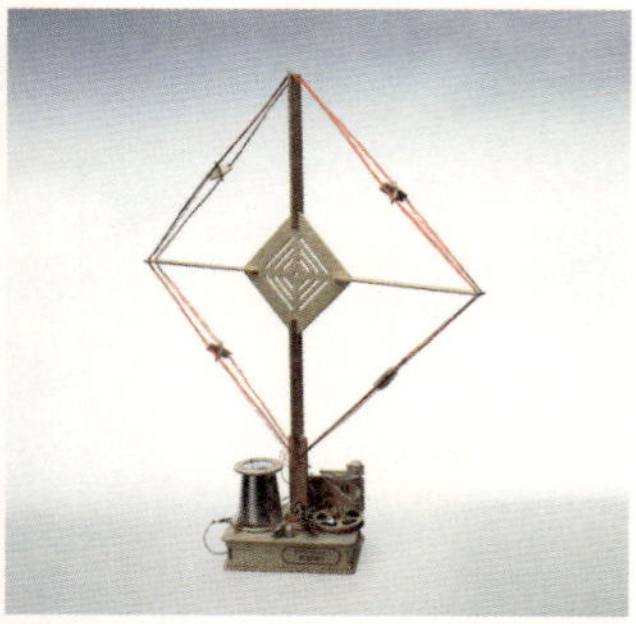

電池を使わず、電波から供給される
電気だけで音が出るラジオの組み立てキット。
価格：5,775円（税込）

ベルリナー式円盤蓄音機

エミール・ベルリナーが発明した平板タイプの蓄音機の組み立てキット。CD-ROMやカップめんのふたなどに録音・再生できる。
価格：4,095円（税込）

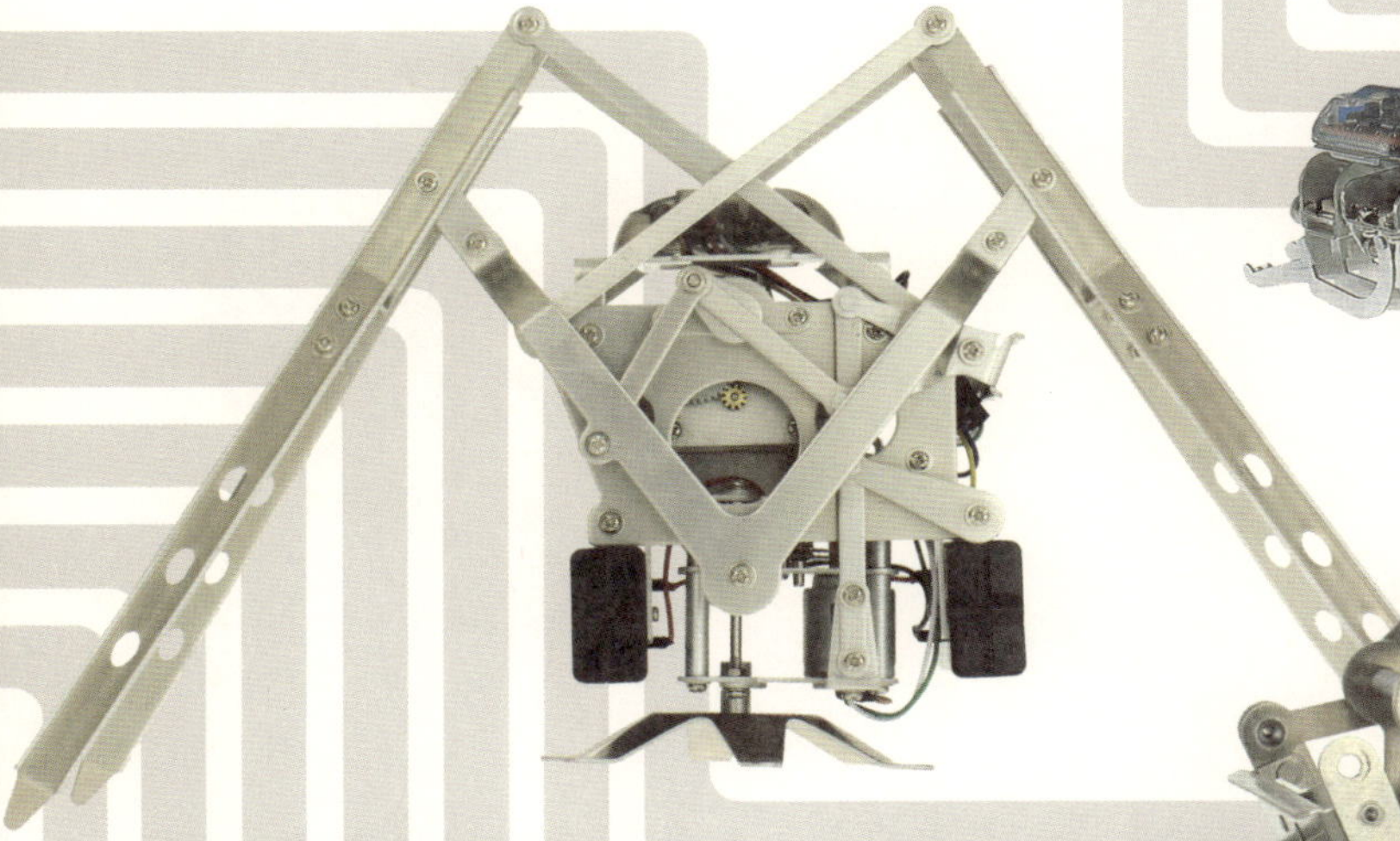

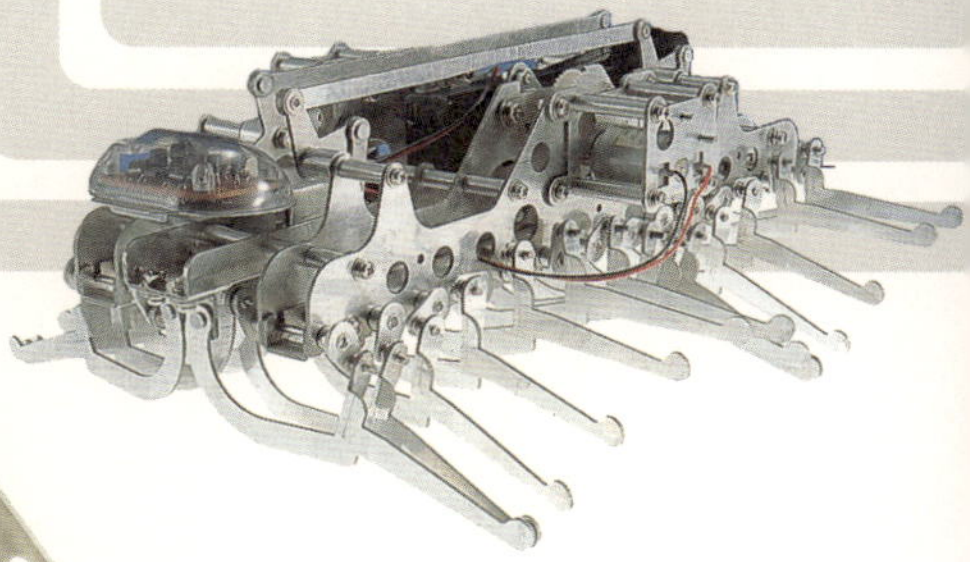

メカモシリーズ

機械工学から生まれた、組み立て式の動物型ロボット。
リンク機構を用いて、カニやムカデといった
さまざまな動きを再現している。

メカモ センチピード（写真右上）
（ムカデ）　価格：7,980円（税込）

メカモ インチウァーム（写真左上）
（シャクトリムシ）　価格：5,980円（税込）

メカモ クラブ（写真右）
（カニ）　価格：5,980円（税込）

学習研究社　http://www.gakken.co.jp/

子どもの世代に受け継がれるロボット開発の夢

子どもの頃の夢がロボット開発の原点

日本は、「ロボット先進国」だといわれる。特にいわゆる「ヒューマノイド型（人間型）ロボット」に関しては、世界の中でも日本ほど真剣にその開発に取り組んでいる国はないようだ。

この理由の一つに、日本には「鉄腕アトム」があったということがある。アトム以外にも「マジンガーZ」や「ドラえもん」といったロボットもののマンガやアニメを見て育った子どもたちが、本物の「アトム」を作りたいという夢を抱いて工学者やエンジニアになり、現実のロボット開発に携わっている。

いまはまだ、友人として語り合えるアトムのようなロボットは出現していないものの、おもちゃの域を超えた「ペットロボット」が一般家庭で購入できるようになったり、二足歩行やダンスが可能なロボットが登場したりしている。これらもまた、そうした技術者たちによって生み出されたものだ。

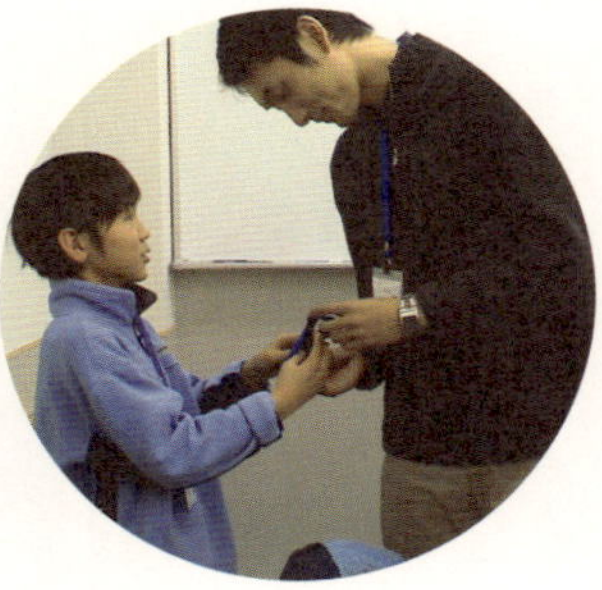

現在、小学生や中学生の子どもを持つ父親たちの多くも、彼らと同様、ちょうど子どもの頃、これらの作品に触れた世代である。同じようにロボットに興味を持ってはいたものの、実際にその開発に携わることができたのは、その中のほんの一部にすぎなかった。

現代の日本でも、ロボットもののマンガやアニメは数多く存在する。ロボットに興味を持っている子どもの数は、昔と同様、決して少なくはないだろう。将来、自分の子どもたちがロボット開発に携わってくれたら……それは、自分が子どもの頃に抱いた夢の延長と感じられるかもしれない。

父親が通わせたい「塾」とは？

実は、現代の日本には、子どもにロボットの作り方を教えてくれる教室が存在している。

神奈川県横浜市に本拠を置く株式会社ロボット科学教育では、塾のように毎週一回、小学三年生から中学生までの子どもたちにロボット製作を教えている。同社が直接運営する教室以外にも、現在、全国各地の学習塾などで、このカリキュラムを取り入れた教室が開講されている。

子どもの学習塾や稽古事は、一般的には母親のほうが熱心なものだが、この「ロボット塾」の場合、保護者会や発表会などでも圧倒的に父親の参加率が高い。自分も子どもと一緒に学ばせてくれという父親も多いので、現在、父親のためのロボット制作講座の開講も検討しているという。

ロボットを作る、という作業の中には、部品を組み立てる工作的な要素はもちろん、動きを制御するプログラミングまでが含まれる。つまり、コンピュータに関する基礎的な知識も、その中で学ぶことができる。製作にはキットを使用し、基本的な部分はインストラクターが教えるが、生徒の創意工夫次第で、さまざ

まな動作や機能を実現できるようになっている。

最初はみな同じように作っていても、やがて、それぞれの生徒の個性が際立ち始めてくる。必ずしも他人と同じである必要はないということ、さらに他人とは違う自分ならではの個性の大切さを知り、それが自信へとつながっていく。

ロボット作りで、科学的思考が身につく

「数学が嫌いな生徒は、たとえば『三次関数なんて実生活で何の役に立つの？』っていいますよね。でも、CCDカメラを使ってロボットに空間を認識させたいと思ったら、三次元の座標、つまり三次関数が必要になってくる。実践を通して、その意味が理解できるわけです」（株式会社ロボット科学教育・代表取締役鴨志田英樹氏）

算数・数学や理科などの自然科学離れが叫ばれている昨今だが、無意味な記号の羅列としか思えない数式も、使用する目的がはっきりしていれば、その応用方法まで理解することができる。ここで行われている教育の目的は、ロボットを作るという経験を通じて、まさにこのような科学的な考え方を身につけてもらうところにある。

また、中学生クラスに通う子どもには、有名私立中学の生徒も少なくない。「それまで受験勉強ばかりで好きなことができなかった子が、中学に合格して、自分のやりたいことを始める。ある子はそれがスポーツだったり、音楽やアートであったりするわけですが、科学的なことが好きな子は、これまではいくべき場所がなかった。そういう場を提供できたのではないかと思っています」（鴨志田氏）

この子どもたちが大人になる十年後、二十年後、ロボットは今にも増して、日本の花形産業となっていることだろう。そのとき、この国のロボット産業を担っているのは、ひょっとしたらあなたの子どもであるかもしれない。

「アトム」製作を目指して

ロボット科学教育では、小学三年生〜六年生を「ジュニアコース」、中学・高校生以上を「ミドルコース」に分類。

それぞれのレベルに応じた合計4つのカリキュラムを用意している。

また、ロボット科学教育で使用しているロボット製作キットとは異なるが、レゴブロックとコンピュータを使って、ロボットの組み立てやプログラミングができるキットも市販されている。

同様のキットは、さまざまな学校で教材としても使用されている。

シルバーミッション

ゴールドミッション

ブロンズミッション

ロボット科学教育の各カリキュラム用ワークシート

小学3年生〜6年生を対象とした「ジュニアコース」には、レベルに応じて「ブロンズミッション」「シルバーミッション」「ゴールドミッション」の3つのカリキュラムが用意されている。

一方、中高生を対象とした「ミドルコース」には、「M1ミッション」のカリキュラムがある。

LEGO MINDSTORMS（レゴ マインドストーム）

レゴブロックによってロボットを組み立て、RCXと呼ばれるマイクロコンピューターと専用のプログラミングソフトウェアを使ってコントロールすることができるキット。

ROBOTICS INVENTION

SYSTEM 2.0

LEGO MINDSTORMSの基本セット。
RCXマイクロコンピューター、モーターのほか、タッチセンサーや光センサーも含まれている。

LEGO MINDSTORMSで作成したロボット

ファースト・レゴ・リーグ　日本大会について

FIRST LEGO League（FLL）は、1998年に始まった国際ロボット競技会である。アメリカの非営利団体FIRSTとLEGO社によって作られ、現在では世界19カ国で開催されている。

具体的な競技の内容は、9～15歳（ヨーロッパでは10～16歳）の子どもがチームを組んで、与えられた課題をクリアするためのロボットを製作。プレゼンテーションや実際の操作などで競い合う、というものだ。

日本ではこれまでFLLの大会は行われていなかったが、NPO法人・青少年科学技術振興会の主催により、2004年12月、FLL「第1回 ファースト・レゴ・リーグ 日本大会」が開催された。この大会には、16チーム72名の子どもたちが参加。それぞれが工夫したロボットで、「CDを片付ける」「ボールをバスケットに入れる」といった9個のミッションに挑んだ。

このFLL日本大会で優勝したチームは、2005年春にアメリカ・アトランタで開催される世界大会にも参加することになっている。

LEGO MINDSTORMS　http://mindstorms.lego.com/japan/
http://www.LEGOeducation.jp/mindstorms/

Dad-Garage
INTERVIEW

子どもには、自分自身のことを好きでいてほしい

(株)日能研 代表 高木幹夫

子どもがカッコいいと思うようなお父さんになろう

オテル・ドゥ・ミクニ オーナーシェフ 三國清三

子育てとは、自分の中の「子ども」を育て直すこと

(株)日能研 代表 高木幹夫

――まず、父親が子育てに参加するときに、基本的にはどのようなスタンスに立てばよいか、高木代表のお考えを聞かせていただけますか。

私は、子育てというのは基本的に、自分の中にいる「子ども」を育て直すことだと思っています。子どもと一緒にいて、子どもが育っていくのを見ていると、自分の中の「子ども」がものを言い始めるんですよ。

これまでの人生で、お父さんはいろいろな体験をしてきた。それを、子どもと一緒にもう一度体験し直すのもいい。また、これまでしたくてもできなかったこともあるでしょうから、そういったものを子どもと一緒に始めてみる。

要するに、自分がやりたいことを、自分のためにやる、という発想でいいと思うんですよ。「子育て」と大上段に構えるよりも、そんなふうに考えてみたら、男の人にとっては楽なんじゃないかな。

お母さんはいつも子どもと一緒にいるので、子どもを継続的な視点で見ています。それに対してお父さんは、外で仕事をしているわけですから、家に帰ってきたときとか休みのとき、要するにスポットでしか子どもと一緒にいることができないんですね。

それなのに、お母さんと同じスタンスで子どもと接しようと思っても無理があるわけで。そういう前提のうえで、子どもと何かを一緒にするための時間を作る。教育のためなんて考える必要はなくて、さっきも言ったように、自分がやりたいと思うことを、子どもと一緒にやればいい。

ただ、そのとき一つ問題があって、父親というのは、職場での人間関係の作り方を家に持ち込みがちなんですね。本人は持ち込んでいるという自覚はなくて、ただ昼間と変わらないだけなんだけど、それが問題。

会社の中でも、組織の力とかポジションなどを背景にものを喋る人というのは、あまり好まれないですよね。

親と子どもの関係というのは、上から押さえつけるように、ああしろこうしろというのは違う。親は、子どもの横にいて、子どもに寄り添うような関係が理想だと思います。

そんな関係が構築できているかどうかを、子どもははっきりと教えてくれる。そういう子どもとの付き合い方を、今度は会社でも生かしてみたらいいのではないでしょうか。

――以前、新聞にお書きになっていたコラムで、「教育ママ」に対して「教育パパ」という言葉を使われていましたよね。父親が子どもの教育に積極的に関わるということについては、どのようにお考えですか？

父親と母親は、それぞれ違う環境で育ってきて、その中で培われた学習観というものがあります。つまり、学ぶというのはどういうことか、どう学ぶべきなのか、ということについての価値観や考え方。たとえば、とにかく問題をたくさん解いて、その中から何かをつかんでいく、という考え方の人もいるでしょうし、まず原理原則をとことん突き詰めることが大切、と考える人もいる。夫婦がそれぞれ違うことを考えて、その二人が子どもの教育方針について話を始めたら、これはもう確実にトラブるわけですよ。

だから、お父さんが子どもの教育に積極的に関わるのであれば、まず、夫婦の間で学習観のすり合わせを行っておくことが、必要な第一歩なんです。

これはうち（日能研）の場合も同様で、新しい人がスタッフとして入ってきたら、まず話し合って、コンセンサスを得るようにしています。その人がどう思っているのか、なぜそう思っているのかを、みんなで確認し合う。別に揃えなければいけないということではなくて、それぞれの学習観を、お互いに確認することが大切。最初にそれをやっておくだけで、確実にトラブルは減ります。

株式会社日能研 代表

高木幹夫

自分がやりたいことを、子どもと一緒にやればいい

――実際に、日能研に通っている生徒さんのご両親の場合では、学習観のすり合わせはうまくいっているようですか？

そううまくはいってないのかな、という印象はありますね。お父さんが、まず口を挟んでしまって、トラブルが先に起こっちゃう。そうすると、なかなか学習観のすり合わせをする機会は作りづらいですよね。

――そういった話というのは、何から始めるといいんでしょうか？

私がいつも言っていることは、今の子どもたちは、親たちとは世代が違っているということです。大人の学びの延長線上に子どもの学びはないんですよ。現代の子どもの学びは、今、新しく作り出さなければいけない。

そのためには、自分たちの過去の学びを改めて問い直す必要がある。私たちの過去の学びを確認しよう、というところが、入り口になるのではないかと思いますね。

――昔とは違う、今の時代の学びというのは、具体的にはどのようなものなんでしょう？

これまでの日本の学びというのは、「キャッチアップ型」の学びだったと思うんです。つまり、「追いつけ追い越せ」ということ。これを、「先進国型」の学びに変えていかなくてはいけない。

キャッチアップ型というのは最近始まったわけではなくて、黒船が来航した頃あたりからずっとそうだったんですよ。アジアの国々は、今、まさに日本に追い越せ追いつけというところなんですけど、追われる側の日本はすでにそういう段階ではなくなっている。

日本の会社も、キャッチアップ型の会社はだんだん淘汰されていくことになると思いますよ。生き残ることができるのは、ソフトを持っているとか、開発力があるとか、オリジナリティがあるとか、コンセプトがはっきりしているとか……。いろいろな言い方ができますが、いずれにしろ、以前の日本における評価軸で評価されるような会社ではありません。

上から、強引なリーダーシップで引っ張っていくような会社ではないんです。キャッチアップ型ではなくて、先進国型というか、「創造（想像）型」という言い方になるんじゃないかと思うんですが。

この「創造」についても、子どもと一緒に過ごしていく中から学べる部分だと思っています。

――教育パパに対して、母親というのは、子どもにとってどのような存在なのでしょうか？

これも極端な一般論だとは思うんですが、母親というのは、子どもとの一体性が高いんですね。子どもと母親との境目が、それほど明確ではない。

ですから、父親という存在は、子どもにとって初めて出会う、自分ではない人なんです。母親は、自分でない人ではないわけですから。

実際には、子どもは、六・七歳ぐらいまで、自分ではない人の存在を感じる必要はないと思います。自分と他人との境目がわからない、どこかふわふわした状態の中で育っ

夫婦の学習観のすり合わせが大切

ている。で、反抗期が始まる七歳あたりから、他者との出会いが生まれて、そこから面白いことも始まってくるわけですね。

父親は母親とは違うので、母親の真似をして、同じように子どもと接しようとしてもだめなんです。お父さんはお父さんのやり方で、子どもと接していく必要がある。

――子どもたちは、どういう父親像を求めているのでしょう？

他者として、ともにいてくれる人ですね。他者という言い方は、すごく冷たく聞こえるかもしれないけど、自分じゃないんだから、やっぱり他者としか言いようがない。他者なんだけど、でも一緒にいるということを、一番最初にお父さんに教えてもらえたら、それでいいと思います。

――話は変わりますが、日能研の場合、中学入学が一つの目標ということになりますよね。父親にとって、子どもの中学受験というのはどういう意味のあるものなんでしょうか？

それは、二通りあるでしょうね。母親が積極的で、それに引っ張られている人と、自分自身が積極的に子どもを受験させたいと思っている人。その中間もあるかもしれませんが。

前者の父親は、奥さんが中学受験させるって言い出して、逆らっても後が恐いから（笑）、まあやらせようか、と。一方で、今の学校教育を見て、自分が教育に求めているものが私学にしかないということを知って、積極的に私立中学にいかせたいと考えている父親もいます。

世代が違えば「学び」も違う

――昔だったら、偏差値重視というか、とにかくいい学校にいかせたいということで私立を選ぶ人が多かったと思うんですが、今は、その学校の教育方針などを見て、学校を選択している親御さんが増えているのでしょうか？

増えていると思いますよ。特にお父さんが積極的に出てくる家庭は、その傾向が強いと思います。そういう人は、何が何でもいわゆる「いい学校」に入れたいというのではなくて、「うちの子にはどこが合ってるんですか？」「なぜあなたはその学校を勧めるのですか？」「なぜうちの子にその学校が合っているとあなたは判断したのですか？」と質問してくることが多いんです。

お母さんだって、今は、偏差値が高ければいい学校だなんて、単純に言う人はいませんけどね。ただ、子どもと常に一緒にいるから、視点も子どもと同じになってしまっている。その点、お父さんは、他者として、少し高いところから全体像を見ることができると思います。

父親は、子どもが初めて出会う他者なんです

——その学校が子どもに合っている、というのは、その子の個性に合っているかということですか？

やっぱり学習観ということですね。それぞれの学校にも学習観がありますから、それが子どもと合っているかどうかが大事だと思います。

たとえば、有名私立校のAは、自由な校風だとか個性を大事にしてるとかいわれる一方で、それをだらしがないという人もいる。反対にKという学校は、とても面倒見がいいという人もいれば、管理しすぎている、という人もいる。そのどちらの価値観をいいと感じるかは、人それぞれでしょう。

教えてくれる内容は、結局、どこの学校にいっても同じですからね。Aにいったら地動説だけど、Kにいったら天動説だったなんてことはないわけですから（笑）。

それは塾も同様で、それぞれの塾ごとに学習観の違いはあります。

——日能研で教えている生徒さんは、小学校三年生ぐらいからですか？　一年生から受け入れているところもありますよね。

うちは、三年生の夏からですね。メインは四年生からなんですが。

一年生からというのも、確かに需要は高くなってきています。ただ、私たちの場合、八～十歳の、他者と初めて出会う頃からの学びというものを、ずっと研究してきましたから、その部分についてはよくわかっているんですが……。その直前、他者と出会う前の年齢では、必ずしも家の中で本ばかり読んでいるのはよくないんじゃないかという思いもあります。

小さいときは体を動かすのが大事ってよく言うでしょう？　体を動かすっていうのは自分の意思だし、たくさん動くっていうのはたくさん意思を使うこと。体を動かして意思の力を十分育てるのが大事な時期なので、そのところで私たちは何をすべきなのか、どうするのがよいか、ということはずっと研究はしているんです。

ただ単に、五年生のためにわれわれが確立したノウハウを、下の学年まで下ろしてくればいいということではないですからね。

とにかく自分のことを好きでいてほしい

——また話は変わりますが、高木代表ご自身が受験生の父親という立場だったとき、どのようにお子さんと接していたのでしょうか?

自分の子どもが受験生だったときは、基本的にはお父さんじゃなかったと思うんです。ただの、受験生を持つ母親の夫。私はこういう仕事ですから、私が何か口を出すと、それが答えになっちゃうんですよね。それは、あまりいいことがないんですよ(笑)。だから、私自身は、内心非常に揺れていたんだけど、あえて口を挟まないようにしていました。

一緒にキャンプにいったり、遊びにいくことはありましたけど、受験に関しては、子どものすぐ横にはいなかったと思います。

——お子さんに対して、何か望まれることはありますか?

とにかく自分のことを好きでいてほしいと思います。自分のことを無条件で好きでいられるのって、十五歳ぐらいまでなのかな。それを超えると、自分で自分のことを好きであり続けるのは、難しいことみたいですね。

——確かに、自己肯定感というのは大事だと思いますね。自分を肯定できれば、相手も肯定できる。

ただ、この間、最近人気のあるグループの曲を聴いていて、「今のままの自分でいい」っていう歌詞がちょっと気になったんですよ。

これも自己肯定には違いないけれど、今のままの自分でい続けるのじゃまずいんだよね。「私が私らしい私でいる」ということには、実はたくさんの関わりや変化が必要になる。他のヒトやモノとの関わりの中で常に変わっていく「自分らしさ」をつくることであって、今のままの自分でいるというのはすごく楽なことだから。今の自分ができていることだけを小さく肯定することでしかない。

こういうのも、さっき言った、キャッチアップの後遺症かな、と思うんですよ。キャッチアップで力を入れすぎたから、今度は力を抜いてみようっていう。力を抜くのはいいんだけど、次どうするのかを考えなければいけないですね。

——最後に、世の忙しいお父さんたちに、何かアドバイスをいただけますか?

学ぶというのは、頭と心を同時に使うことです。学ぶときに、心が使われていなかったら、とてもわびしい学びになると思います。そのことを、お父さん自身がもう一度確認してほしい。

頭を使った量は結構測れるものですが、心を使った量は測れません。子どもが心を使って学べるように、お父さんにはちゃんと目を向けていてほしい。

そのためには、やはり子どもと一緒にいる必要があります。お父さんと子どもが、一緒に学んでいってほしいと思っています。

それは物理的に一緒にいるのではなくても、子どもが学んでいることを中心に「共にいる」という気持ちでいてほしいということです。

「味蕾《みらい》」が開く子どもたちの未来

Dad-Garage INTERVIEW

オテル・ドゥ・ミクニ　オーナーシェフ　三國清三

――KIDSシェフの活動を始められたきっかけは、どういったことだったのでしょうか?

KIDSシェフは、一九九九年にNHKの「ようこそ先輩」という番組に出演し、私の母校で授業を行ったことがきっかけで、自主的に始めたものです。

ただ、完全なボランティアなので、当初は資金的な問題と、行政や学校側の仕組みがネックになっていました。つまり、教育委員会とかPTA、省庁関係とかいろいろなところが絡んでいて、それらをすべてクリアしないと、各学校の校長先生のところまでたどりつけないわけですね。

そこで、複数の企業にいろいろと協力をお願いして、資金面でのバックアップや、学校側との交渉などを行ってくれる態勢が整って、軌道に乗ってきました。

ゆとり教育の一環として、二〇〇二年ごろから「総合的な学習の時間（総合学習）」が始まったわけですが、その時点ですでにそうした活動の実績があったので、今度は各学校から依頼が殺到するようになりました。いきなり総合学習といわれても、経験がなく何をしたらいいのかまったくわからないところに、私のやっている活動が目に止まったということでしょうね。

――最近、「食育」という言葉をよく耳にするようになりました。三國シェフのこうした活動も、この「食育」の一環と捉えていいのでしょうか?

確かに今、「食育」という言葉は一つのブームのようになっていますね。その前は「スローフード」でしたが、こちらのブームはちょっと下火になってきたようです。

まあ、「ブーム」という言い方は本当はちょっと違っていて、スローフード運動の本質は、生産者の保護ということですね。この活動にも私は早くから取り組んでいましたが、もちろん、食育という観点も大切だと考えています。

最近の流れとして、ゆとり教育ということで総合学習を始めたのに、子どもの学力が低下したからといって、また時代に逆行するような、子どもをがんじがらめに教育し直そう、といった意見が出てきてますよね。これには、私は非常に矛盾を感じています。

食育というのは、食を通じて子どもたちの精神を活性化させて、肉体も活性化させる。それによって、勉学や運動に励むことができるという、すべての原点であり、出発点なんですね。そういったことを理解していない人が多いように思います。

――食が、人間形成の原点ということですね。

本質的な話をすると、人間というのは、まず心臓が動いて血液が循環し、脳が活性化している。そうした人間が持っている機能の原点、出発点というのは、味蕾にあるんです。

私の授業はまさにその部分、そこだけをやっているものなんですよ。味蕾を通して、脳を活性化、というより「始動」させること。それを行うには、あまり幼すぎてもいけないし、成長しすぎていてもいけない。アバウトにいって八歳から十二歳ぐらいまで、つまり小学三年生から六年生までなんですね。

大げさにいうと、この期間に、その人の一生の味蕾の機能が決まってしまうんです。この間に味蕾を通して脳をしっかり始動させないと、五感、つまり、よくものを見たり、人の話を聞いたり、触ったり匂いを嗅ぐといった感覚がきちんと形成されない。その結果どうなるかというと、無気力で無関心な、何事にも興味を持てないような人間になっていくのです。

KIDSシェフとは?

三國清三シェフらが、小学校3年生～6年生の子どもを対象に、ボランティアで行っている「味覚の授業」。

三國シェフなどプロの料理人が全国の小学校に出向き、地元の食材を使った調理実習を行って、子どもたちに実際に味覚を実感してもらう。

子どもたちの味蕾《みらい》（舌にある、味を感じるための味細胞を持った器官）を開花させ、その味覚を鍛えることが目的である。

オテル・ドゥ・ミクニ
オーナーシェフ

三國清三

8歳〜12歳の間に
人の一生の味覚が決まります

Dad-Garage
INTERVIEW

——三國シェフは、よくこの「味蕾」という言葉をお使いになられています。それほど重要なキーワードということですね。

調べてみると、人間の味蕾というのは、小学三年生ぐらいで三万個から四万個になるんです。それから六年生ぐらいまでがピークで、成人になる頃には八千個から一万個といわれています。それが、二週間に一度死んで、再生しているんですね。

甘い、酸っぱい、しょっぱい、苦いといった味覚は、まず味蕾が受け取って、細胞の管から、神経を通って脳に伝わって、脳が判断しているんです。

講演などで私がよくいうたとえなんですが、小学三年生の子どもの体というのはいわば新品の車で、新品のエンジンがついている。ガソリンも満タン。でも、それだけでは車は始動しません。誰かがキーを挿して、回して、エンジンに点火する必要がある。

味蕾から受け取る刺激物、酸っぱ味や苦味といった味がそのキーの役割、つまり、脳を始動させる役目を果たしているんですよ。

酸味や苦味が子どもの脳を始動させる

——そういった意味では、家庭での「食」のあり方が重要になってくると思いますが……。

子どもに苦味をわからせるために、昔の人は、たとえばさんまを食べさせていたわけです。あるいは鮎とか、山のほうに住んでいる人なら山菜とか、その地方に応じて、苦かったり渋かったりするものをちゃんと食べさせていた。

実は、昔の人の生活習慣で重要だったのは、おじいちゃんとおばあちゃんの存在なんですね。昔のお父さんとお母さんも結構忙しく働いていたので、子どもに味を伝える役目というのは、おじいちゃんとおばあちゃんが担っていました。

それが、核家族化で、おじいちゃん、おばあちゃんと一緒に住まなくなったということが、子どもの食生活の乱れにつながっているのです。両親が忙しくて子どもの食事も用意できずに、お金だけ渡して好きなものを食べさせるとなると、自分の好きなもの、甘いものしか食べないですよね。それで、子どものうちから成人病になったりする。

もっと言うと、今のお父さん、お母さんの世代が、すでにそういう時代の子どもであり、そういう両親が、さらに次の世代の子どもを育てている。状況はさらに悪化しているんですよ。

子どもと一緒に朝食を食べることが大切

——核家族化が進んでいることは、今の日本の現実として受け入れるしかないですよね。その中で、少しでも子どもの味覚を育てるためには、どのようなことを心がければいいのでしょうか？

今は、無理ですね。社会構造を一度根本から見直さない限りは……理想論ならいえますが、現実問題としては難しいのではないでしょうか。

最低限、これだけは、ということでいうと、朝、一緒に子どもと朝食を食べること。

私の授業で、「今日、朝食何食べた？」って聞いてみると、手を挙げない子が五・六人いるんですよ。「食べてないの？」って聞くと、「お母さんまだ寝てた」って答えたり。現実問題として、そういう家庭も結構あるんです。

——三國シェフご自身は、ご家庭ではお子さんとどのように過ごされているんですか？

うちは小学六年生の女の子なんですが、十回に一回ぐらいは、がんばって朝ごはんを一緒に食べますよ。私の場合、店の営業が終わるのが早くても夜の十二時ぐらいになっちゃうんですが、それでもなんとか起きて、一緒に食べるようにしてます。

朝食は妻が作ってるんですが、できるだけ味噌汁と焼き魚とおしんこ、みたいな日本の伝統的な食事をするように心がけています。

あと、休みもあまりないんですが、休みの日には極力子どもと一緒にいて、外へ食事にいったりもしています。

——朝食を一緒に食べるというのは、子どもにとってはどういう意味があるんでしょうか？

たとえば、子どもが朝、学校にいきたがらないことがありますよね。そういうときは、必ず何かあるんです。いじめであるとか、その他のトラブルといったものが。そういったことを観察する意味でも、朝、一緒に朝食を食べるということは非常に重要なんですね。

その場合、子どもの悩みがどれだけ深刻なのかも、察してあげるようにします。その場で聞くか、別のタイミングで聞くかは、その深刻さの度合いに応じて判断しています。

日本の食べ物をおいしいと感じてほしい

——日本食にこだわる理由は何ですか？

　それはやはり、日本のものをおいしいと思えるようになってほしいからです。

　うちの子も、この先、十年もしたら海外にいくこともあるでしょう。逆に、海外から日本に来る人も、この先もっと増えるでしょう。その中で日本人として生きていくには、日本の一番いいもの、おいしいものを知っていて、相手に伝えられなくてはいけないと思うんです。

　味噌汁であったり、焼き魚であったりといったものは、日本人が日本人であることの証明であり、原点だと考えています。それをきちんと伝えていくのが、われわれの義務ですからね。

——朝食に限らず、家庭の毎日の食卓では、どういったことに気を使えばいいのでしょうか？　たとえば、献立を考えるうえでのポイントとか。

　献立ということについていうと、これはお父さんではなくお母さんの問題かもしれませんが、材料を買いにいったときに、こだわってみせるというのが結構大事なんです。

　たとえば、「今日はこんないい魚があったのよ」とか、そういうことをちらつかせて、子どもに興味を持たせる。そういう努力が大切ですね。

　それから、食事の時には、お父さんとお母さんが仲良く食べる。意外と、お互いにむすっとしたまま食べている家庭というのが多いんじゃないかと思うんですよ。実はうちもそういうところはあるので(笑)、理想論ではあるんですが。ただ、いつも楽しい雰囲気で食事ができれば、自然と子どもも食卓につこうとしますよね。

——それでは、一緒に外食をするということの意味についてはどのように考えていらっしゃいますか？

　親子の間だと、近すぎて逆に話せないことってあるじゃないですか。たとえば、他人の話なら素直に聞けるけど、

子どもがカッコいいと思うお父さんになる

お父さんとお母さんの話には反発するとか。

　そういうときに、場所を変えて、気分を変えてみるというのは、いいことですよね。子どもに好きな洋服を着させて、好きな食べ物を食べに連れていく。

　ただ、そういうときは、こっちからあまりつっこんでもいけないんですよ。楽しかった、と思ってくれれば十分。そこで「学校で何があったの？」なんて追求したりすると、楽しいものも楽しくなくなるので。

　別に外食じゃなくてもいいんですよ。ドライブでも映画でもキャンプでも。うちの場合は、父親の仕事が料理屋なので、外食するということ自体が非常に楽しいレジャーであることは確かなんですが。

　そういうことが楽しければ、自分のほうから自然にいろいろと話してくれますよね。


――そのほかに、家庭でのお父さんの役目としては、どのようなことが考えられるでしょうか？


　最も気をつけたいのは、子どもがカッコいいと思うようなお父さんになってあげることですね。

　実を言うと、私も子どもにはよく注意されたりして、それほどカッコよくはないんですよ。ただ、私の場合は食のプロなので、レストランにいったときには、一番カッコよく映っていると思います。

　周りが「三國シェフ」ということで一目置いてくれるので、うちの子どもも、「へえ、うちのオヤジってすごいんだ」と思ってくれる。ほかの店にいったら、ワインにもうるさいし、わざと難しいことを言ったりもする。そういうのをあえて見せるというのもありだと思ってます。

　私はゴルフはしないんですが、たとえば、ゴルフが得意なお父さんであれば、子どもをゴルフ場に連れていくというのもいいですね。一般的には、あまりそういう習慣はないじゃないですか。

　そんな意味では、お父さんも一つ、得意な趣味を持つべきなんじゃないかなと思いますね。日曜大工でもいいし、それこそ料理だっていい。それで、子どもに「すごい」と思わせることができるものであれば。

　そういった自分の持ち味を、子どもに対してアピールするというのが、父親にとっては非常に大切なことだと思うんです。

「三國清三シェフの
味覚の授業
KIDSシェフ」

本多由紀子／編・著
小学館
定価1,700円+税

最近、あなたは子どもと一緒に挑戦していますか？

HYBRID BICYCLE
TRAVEL
MUSIC
GROOMING
COCKTAIL

挑

父と子が風を切るための乗り物

「バイク」を通してつながるもの

男の子というのは基本的に乗り物が好きなものだが、中でもオートバイの人気は高い。

まず、そのフォルムの美しさ。「風を切って走る」というフレーズも魅力的だし、男の子の好きなテレビのヒーローはよくバイクに乗っている。暴走族は問題だが、そこまでいかなくても、ちょっと不良っぽい匂いもする。男の子が憧れる「カッコいい」要素に満ちているのだ。

今ではお父さんになった世代の男性も、かつてはそういうバイク大好き少年だった。そのまま大きくなって、バイクを購入し、アクティブに乗り回している人もいるだろう。一方で、バイクへの憧れは胸に秘めつつも、なんとなく手を出しそびれたまま、家庭を持ち、父親になってしまった人もいるかもしれない。

そんなときに、自分の子どもが、バイクに興味を持ち始めているようだ、と気づく。バイクが好きだった昔の自分がフラッシュバックし、現在の子どもの姿と重なり合う。バイクを通して、自分の歴史と子どもの現在が一本につながったように感じられる瞬間である。

バイクをイメージさせる電動アシストサイクル

子どもはバイクには乗れないが、B PLUSになら乗ることができる。条件は、身長が一三九センチメートル以上で、自転車に乗れるということだけ。もちろん、免許も必要ない。

B PLUSは、タカラとヤマハ発動機が共同開発した、電動ハイブリッド自転車(電動アシストサイクル)だ。玩具メーカーとバイクメーカーのコラボレーションで、「バイクから生まれたバイシクル」というコンセプトに基づき「大人と子どもをつなぐ製品」として開発された。

「電動アシストサイクル」と聞くと、いわゆる「ママチャリ」の延長線上にあるようなものを思い浮かべる人も多いかもしれないが、B PLUSのスマートなデザインは、そうした印象をきれいに裏切る。

コンセプトモデルとして百台限定で先行発売された「B PLUS DT」は、ヤマハのオフロードバイク「DT200R」をモチーフとしたものだ。基本デザインや配色だけでなく、バイクを連想させるウィンカーやダブルヘッドライトまで装備されている(B PLUS DTはすでに販売終了)。

カスタマイズは「大人の男」の愉しみ

DT以外のB PLUSも、塗装にはバイクと同様の方法が採用されており、九色のカラーバリエーションが用意されている。さらに、タンクの位置に装備された収納ボックス、フレーム部分に装着される取り外し可能なバッテリーなど、随所に「バイク」をイメージさせる遊び心が見て取れる。こうした遊び心と機能性が評価され、二〇〇四年にはグッドデザイン賞も受賞している。

B PLUSを扱っているCORE-DO日本橋内のショップ「GARA-GE」では、実際に試乗してみる

こともできる。自らペダルを踏んでみることで、自転車とは違うB PLUSならではの走りの感覚を味わうことができるはずだ。

また、GARAGEにはサドルやハンドルなどの各種パーツが用意されており、好みに合わせたカスタマイズを行うことも可能。いわば自分だけのB PLUSを作れるわけで、こだわりたい「大人の男」にとっては、うれしいオプションだろう。

B PLUSのある毎日

機能面での特徴は、電動ハイブリッド自転車ならではの、ペダルを踏み込んだときに後押しされるような感覚である。バイクではないが、自転車とも確実に別な乗り物であることが実感できるはずだ。

こぐ力が約半分で済むので、当然、普通の自転車よりも疲れにくく、遠出もしやすい。たとえば、休みの日に、子どもと一緒にちょっと遠くまでサイクリングに出かけてみる、というのもB PLUSのひとつの楽しみ方である。

また、B PLUSのサイズは一般的な車幅よりも小さく、自動車にも積みやすくなっている。公園や川原の入り口まで自動車で行って、その中で思う存分B PLUSを走らせる、というのも、なかなか有意義な休日の過ごし方だ。

一方、街中を走る乗り物としても、B PLUSはおしゃれだし、実用的である。「休みの日にしか乗らない特別な乗り物ではなく、毎日、身の周りで、日常的に楽しんでもらえる乗り物として使ってもらえるとうれしいですね」(株式会社タカラ・事業開発部 池辺陽一氏)

バイシクル＋α

二〇〇三年十二月に先行発売されたB PLUS DTは、百台限定だけに現在までに完売してしまったが、DT以外のB PLUSについては、九色のボディカラーから選ぶことができる。

通常、カスタマイズを前提とした販売は行われていないが、COREDO日本橋「GARAGE」では交換可能なパーツも用意しており、顧客の要望に応じたカスタマイズを行ってくれる。

B PLUS

ボディカラーは、ファイヤーレッド、オレンジメタリック（写真下）、イエローソリッド（写真上）、シルキーホワイト、ラベンダーシルバー、サファイヤブルー、ディープブルーメタリック、グリーンメタリック、ダークグレーメタリックの9色。

メーカー希望小売価格：113,400円（税込）

カスタマイズ用パーツ

COREDO日本橋「GARAGE」で用意されている、
B PLUSに取り付け可能なカスタマイズ用パーツの一部。

カスタマイズしたB PLUS

サドル
価格:4,490円(部品代+工賃、税込)

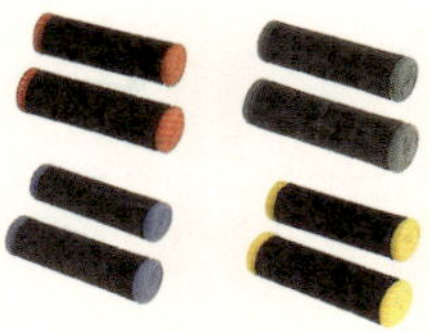

ハンドルグリップ
価格:1,970円(部品代+工賃、税込)

ペダル
価格:3,650円(部品代+工賃、税込)

タイヤ(前後セット)
価格:13,321円(部品代+工賃、税込)

リヤフェンダー
価格:2,310円(部品代+工賃サービス税込)

B PLUS　http://www.takaratoys.co.jp/bplus/

常夏の島へ、親子で出かける発見の旅

親子の会話を円滑にするハワイの空気

現在、海外旅行に出かける日本人の数は、年間千五百万人を超えている。中でも人気の高いのがハワイで、毎年百数十万人の日本人がハワイを訪れている。日本人にとって、ハワイは間違いなく、最も身近な「外国」の一つだ。

初めて子どもを海外旅行に連れていこうと考えたときにも、気候のよさや治安面、衛生面、さらに日本語が通じやすいところなど、ハワイを選ぶメリットは多い。

海外旅行には、国内旅行とはまた違った、独特の解放感と緊張感が伴っている。日常のほとんどのしがらみから切り離された解放感と、言葉もろくに通じない異国で過ごす緊張感。

その点、ハワイであれば、その気候や自然が解放的な気分をより高めてくれる一方で、他の外国に比べれば親近感があり、緊張はそれほど感じないで済む。

ハワイアン音楽やフラ、「ALOHA」という挨拶なども、日本人にはなじみが深いものばかりである。それでいて、実際に現地で体験するのは、やはり日本で見たり聞いたりするのとはまったく違った味わいがあるはずだ。

「たとえば小学校の高学年ぐらいになって、お父さんと話をする回数が減ってきた子どもでも、ハワイの空気の中でなら、ふだんは話せないようなことが話せたりするんじゃないでしょうか」（ハワイ州観光局 剣持朋子氏）

六つの島に六つの驚き

他の外国に比べたら比較的気軽にいけるとはいえ、一般的な日本人の場合、やはり毎年のように出かけていけるわけではない。

めったにない機会ということになると、それほど冒険もできず、ついついお決まりの観光コースを選ぶことになってしまいがちだ。ワイキキあたりのビーチで過ごす以外はほとんどショッピング、といった展開になってしまう可能性も高いだろう。

それが悪いというわけではないが、せっかく子どもと一緒にハワイにきたのだから、もっとハワイのいろいろな側面を楽しんでみたい。あまり知られていないが、ハワイには自然も多く、大人も子どもも楽しめるスポットの宝庫なのである。

ハワイ州は八つの島からなるが、通常、旅行者が訪れることのできるのは、カウアイ、オアフ、モロカイ、ラナイ、マウイ、そしてビッグ・アイランド（ハワイ島）の六島である。現在、日本人旅行者のほとんどはオアフ島だけで過ごしているが、それ以外の島にもそれぞれに特徴があり、魅力がある。

ハワイ島のパーカー・ランチ。パニオロ（ハワイアン・カウボーイ）が今もなお、ロデオなどの技術を親から子へと伝えている。

オアフ島。展望台から見下ろした、南側のダイヤモンド・ヘッド・ビーチ。

「私たちが掲げているテーマとして『6 islands, 6 surprises』というのがあるんですが、要するに、六島それぞれに発見や驚きがあるということを、まず知ってもらいたいですね。日本人になじみのあるオアフ島にしても、ワイキキビーチやショッピングだけじゃなく、ちょっと車を走らせれば自然があったりして、必ず新しい発見があるはずです」（ハワイ州観光局　杉元志穂氏）

自然や動物・歴史・文化と触れ合う体験

オアフ島でいえば、たとえば、広大なクアロア・ランチ。ここでは乗馬や四輪バギー、シュノーケリングなどが体験でき、大人も子どもも、自然や動物との触れ合いを満喫できる。

シーライフ・パークやアトランティス・サブマリン（潜水艇）、各種のクルーズなど、動物や魚と触れ合える機会が豊富なのも、オアフという島の大きな特徴である。

ハワイ島なら、たとえば世界一の活火山であるキラウエア火山なども、一度は子どもに見せておきたい場所だ。流れ出る溶岩や、溶岩が作り上げたトンネルなど、地球の壮大な営みを目の当たりにするという、他では得がたい体験をすることができる。

加えて、ヘイアウと呼ばれる神殿や、岩面に人物や動物を彫刻したペトログリフなど、さまざまな歴史と文化を学べる島でもある。

さらに、カウアイ島の場合は、緑豊かな大自然が特徴で、その独特の景観から「ジュラシック・パーク」など映画のロケ地にも選ばれている。

もちろん、その他の三島にも、それぞれに異なる魅力がある。その魅力を、子どもと一緒に、自分自身の目で発見しに出かけてみてはいかがだろうか。

ラナイ島のペトログリフ（古代の彫刻）。ペトログリフはハワイ島に最も多いが、その他の各島でも見ることができる。

六つの驚きの発見

ハワイの六つの島（カウアイ、オアフ、モロカイ、ラナイ、マウイ、ビッグ・アイランド）には、それぞれに魅力があり、訪れた人に新鮮な驚きと感動を与えてくれる。

ここでは、それぞれの島の特徴と、お奨めしたいポイントを紹介しよう。

そこで何を発見するかは、当然ながら、自分たち次第である。

▲金色のパウダーサンドが輝くパポハク・ビーチ郡立公園。

Moloka'i モロカイ島

ハワイの伝統や大自然、人の温かさが身近に感じられる島。フラ発祥の地でもある。

◀モロカイ・ランチ。牛たちを柵の中に追い込む、パニオロの模範演技が見られる。

Maui マウイ島

歴史的な街並みや自然景観と、世界有数の高級リゾートとが同居する島。

▲ホノアピイラニ・ハイウェイからの景色。運がよければドライブ中にクジラに遭遇できることも。

▼アオウミガメやマンタなどと出会えるマウイ・オーシャン・センター。

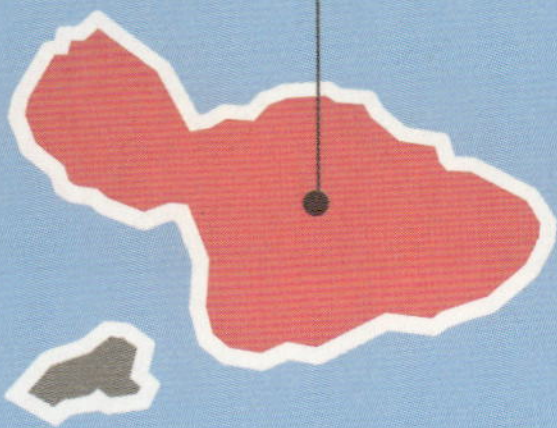

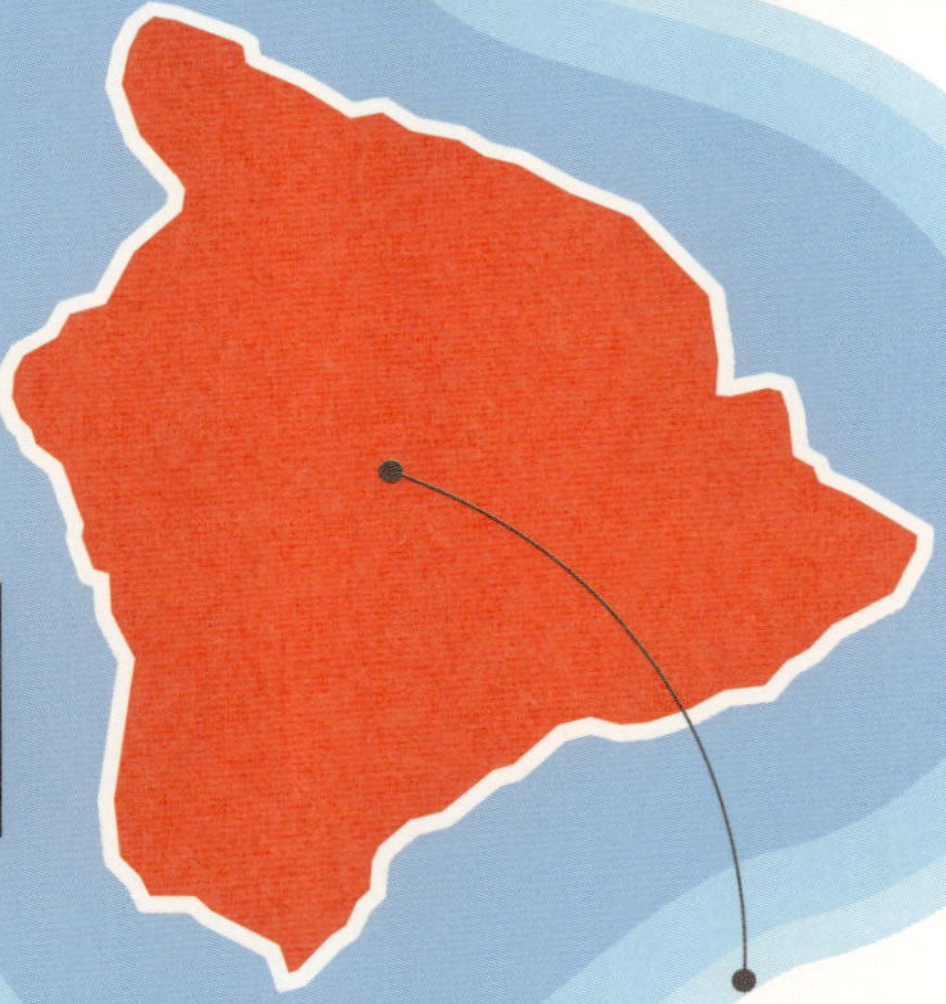

▲ハレマウマウ・クレーターをめぐるトレイル。ところどころで噴煙が上がっている。

▲プウホヌア・オ・ホナウナウ国立歴史公園。王族の遺骨が納められた神殿を守る守護神キイの像。

Hawai'i's Big Island ビッグ・アイランド（ハワイ島）

溶岩や満天の星空などダイナミックな自然が豊富で、そのスケールの大きさが魅力。

▲ワイメア・ヴァレー・オーデュボン・センター。多彩なオアフ島の植物を見ることができる。

▲クアロア・ランチでは約一時間の乗馬ツアーを体験できる。

O'ahu オアフ島

ワイキキを中心に、宿泊施設やレストラン、アクティビティ、スクールなどが充実。

Kaua'i カウアイ島

ダイナミックかつ独特な景観が特徴で、その大自然を活かしたアクティビティも豊富。

▲カウアイ随一のカヤッキング・ルートであるワイルア川。

▲映画「ジュラシック・パーク」のロケ地となった、マカウェリ川とハナペペ渓谷。

Lāna'i ラナイ島

2つの高級リゾートホテルを中心に、優雅で落ち着いた雰囲気。

▲赤茶けた大地に無数の丸石が転がる神々たちの庭園。

▲うち寄せた潮が岩棚の深みにたまり、天然のプールとなったフロポエ・ビーチ・パーク。

ハワイ州観光局　http://www.gohawaii.jp/
写真提供：ハワイ州観光局

子どもとのセッションで「音楽」を取り戻す

かつての音楽体験

割合的には女性より少ないだろうが、子どもの頃、ピアノなど音楽のレッスンを受けたことのある男性は意外といるものだ。成長して、音楽を仕事としたり、趣味で音楽を続けている人もいるけれど、もともと親に言われるままに始めただけで、長続きせずに終わってしまう人が少なくない。

一方、高校や大学に上がり、バンド活動に熱中した経験のある男性はかなり多いはず。やっている音楽の内容は、世代や好みによって微妙に異なるが、ギターのコードを覚えたり、ドラムのスティックさばきを必死に練習したりするのは変わらない。

それほど夢中になったバンド活動も、学校を卒業し、社会に出て働き始めると、忙しい毎日の生活の中で、やはり少しずつ離れていってしまうことになる。

忘れていた音楽との再会

結婚して子どもができると、ますます音楽活動などしている暇はなくなる。それどころか、かつて自分が音楽をやっていたことさえ忘れかけているかもしれない。

ところが、子どもが幼稚園や小学校に上がるくらいになり、音楽に興味を示したとする。子どもにピアノなどを習わせようとするのは、多くの場合母親だが、自分自身が一時期でも音楽をやっていた父親なら、子どもに音楽をやらせることに反対はしないはずだ。むしろ、積極的にやらせたいと思うのではないだろうか。

たとえば、ピアノを習い始めた子どものために、家での練習用として電子キーボードを買う。子どもが家で練習している姿を見たり、発表会でその成果を聴いたら、昔自分が音楽に抱いていた感情が甦ってくるかもしれない。

ピアノを習ったことのある父親なら、子どものキーボードをちょっと借りて、自分でも弾いてみる。バンドを組んでいた父親だったら、しまいこんでいたギターを探し出し、子どものピアノに合わせて少し鳴らしてみたりもするだろう。

さらに、これまでまったく経験のない父親も、自分でも何か音楽を演奏してみたいと思うかもしれない。

まずは演奏を楽しむことから

とはいえ、初心者はもちろん、経験者でもブランクが長ければ、最初は満足に一曲演奏することもおぼつかない。仕事が忙しいと毎日練習はできないし、それ以前に、自分の演奏がなかなか「音楽」にならなければ、練習を続けていくモチベーションも保てない。

とにかく音楽を楽しむことが目的であれば、それ自体が演奏をサポートしてくれるような「楽器」を使ってみるのも一つの方法だ。

たとえば、ヤマハの「EZ-EG」というギター。ネックの部分が弦ではなくスイッチになっていて、通常の演奏のほか、リズムに合わせて弾くだけで、正しいコードを鳴らしてくれたり、スイッチが光って押さえるコードを教えてくれたりする。まったくの初心者でも、これならとりあえず演奏はできるし、楽しみながら、少しずつでも上達していくことが望める。

目標は子どもとライブ!

音楽演奏の楽しさを思い出し、より本格的に楽器を練習したいと思ったとする。このとき、問題となるのが日本の住宅事情である。仕事が終わった後の深夜、都市部の一般的な住宅では、ギターの練習などはまず不可能だ。

その点、共鳴胴がなく、生音の小さい「サイレントギター」なら、近所に迷惑をかけることなく、ギターの練習ができる。こちらは、「EZ-EG」とは異なり、演奏方法はギターそのものである。なおかつ、ギターアンプにつなげば、本格的に演奏を楽しむことができる。

かつての勘と情熱を取り戻したら、いっそのこと本格的なバンド活動を再開してみよう。生まれて初めて音楽に目覚めた人なら、当然、新たにバンドを結成するのがいい。

何か目標があると練習にも熱が入るものだが、たとえばヤマハでは、毎年、ジャンルを問わずアマチュアバンドに演奏の場を提供する「バンド自慢コンサート」を開催している。

「さまざまな年代、メンバー構成のバンドが出場しているんですが、自分のお子さんをメンバーに加えているお父さんもこれまで何人かいらっしゃいました」（ヤマハ株式会社・EM営業部　太田健三氏）

自分の子どもとのセッションであれば、息が合うのは当然。少なくとも、演奏を心から楽しめることは間違いない。

家でコンサートを開こう

「音楽は好きだけど楽器は苦手」という人は多い。とりあえず練習が必要なことはわかっているが、その根気も時間もない、という人たちだ。ここでは、そういった人たちでも、簡単に音楽を楽しめる「楽器」を紹介する。気軽に演奏できるとともに、本格的なギターのコードや鍵盤の練習をすることもできる。上達したら、より本格的な「楽器」へとステップアップしていくのもよいだろう。

サイレントギター SLG-100S

共鳴胴を持たないデザインで、
小音量での演奏環境を実現したギター。
写真のフォークギターモデル（スチール弦）のほか、
ナイロン弦モデルもある。
価格：70,350円（税込）

DGX-505

さまざまな機能を備えた電子キーボード。88ボックス型鍵盤で、ピアノのレッスンにも最適。
価格：92,400円（税込）

EZ-TP
トランペットが吹けなくても、歌うだけで演奏でき、
3つのプレイモードが選べるイージートランペット。
価格:オープンプライス

EZ-EG
リズムの練習、コードの練習、両手での
演奏という3つのモードが選べるイージーギター。
価格:オープンプライス

ヤマハ http://www.yamaha.co.jp/

オンもオフもカッコいいお父さんを目指して

カッコ悪いお父さんはいや！

現代のビジネスマンにとって、外見を気にするのは、単に女性にもてたいという古典的な動機からばかりではない。仕事の実力とは別に、外見の評価が自分自身の評価に結びつく場合があることを知っているからだ。もっとも、それはどちらかといえば、若手ビジネスマンの話。

結婚して子どももできた男性の場合、社内での地位も安定し、古典的なほうの動機も薄れてきたためか、あまり身なりに気を使わなくなる傾向があることは否めない。

とはいえ、子どもを持つ父親にとっては、仕事をしている時間以外の、いわゆる「オフタイム」でも、気の抜けない場面が、実は結構あったりもする。

たとえば、子どもの学校の父親参観日。

周りにカッコいいお父さんたちが並んでいる中で、どうも自分だけぱっとしない気がする。子どもが自分を見る目も、なんとなく冷ややかだ。その日、学校から帰ってきた娘に「恥ずかしいから、もうお父さんは来ないで」と言われてしまった……。

子育てに熱心で、地域の活動にも積極的に参加している父親ほど、しばしばこういった「オフタイムの中のオンタイム」に直面する。子どもたちの親が集まって会合や会食をするような場で、他の子の親たちがみな若々しい中、自分一人が浮いているように感じられたことはないだろうか。

今までの習慣にプラスする

男性のおしゃれというと、とかく服装や髪型などに注意が向きがちだが、そろそろ中年の域に差しかかりつつある男性の場合、気をつけなければいけないところはそれ以外にもあるようだ。

特に見た目の若さは、顔の色艶や血色などによって左右される。こういった部分には付け焼刃の対処方法はなく、やはり日頃からのケアが重要となる。

ただ、いきなり「スキンケア」と言われても、女性と違って、ほとんどの男性は、まず何から手を着ければいいのかがわからない。

株式会社資生堂・商品開発部の三輪隆彦氏は、「最初の一歩としては、まず、今やっていることに少しだけプラスしてみてください」と語る。

とりあえず、男性であれば必ずひげは剃る。ひげ剃りの

後で、アフターシェーブローションを付けるのが習慣になっている人も少なくないだろう。

　このときに、今まではひげの剃りあとだけに付けていたローションを、顔全体まで広げてみる。また、いつもはほんのおまじない程度の量しか使っていなかったが、思い切って一度にたっぷりと使ってみる。

　これを続けていくうちに、少しずつ、肌の状態が変わってきたことが実感できるようになる。

男のスキンケアも まず洗顔から

　とりあえず、デパートの化粧品売り場や化粧品店に入ってみる、というのも、最初のアプローチとしては有効だ。初めはちょっと勇気がいるが、そこを乗り越えさえすれば、商品知識豊富な店員による、適切なアドバイスを受けることができる。

　ちなみに、資生堂の三輪氏が勧める、男性のベーシックなスキンケアは、次のような手順である。

　まずは顔の汚れを取り除き、清潔に保つため、クレンジングフォームで洗顔を行う。

　次に、肌の状態に合わせたローションを付けてみる。脂分の多い肌であればトーニングローション。乾燥しがちな肌であればモイスチャーライジングエマルジョン。両者の中間の場合はハイドレーティングローション、という三つの中から一つを選択する。

　そのうえで、肌のトラブルに対応したスペシャルケアを行う。顔に張りとつやが不足している場合はトータルリバイタライザー、目元がくすんでいたらアイスーザー――など、目的に応じて四種類が用意されている。

　自分の「顔」に自信が持てるようになれば、いろいろな部分で意識も変わってくる。身なりにも気を使うようになり、仕事にも、子育てや地域活動にも、今まで以上に積極的になれるに違いない。

　子どもが父親を見る目も、確実に変わってくるはずだ。

男の顔を磨く

ここでは、男性のベーシックなスキンケアに使うことのできる製品を紹介する。
「カッコいいお父さん」とは、自分の価値観に自信を持ち、
その自信が外面にも表れている父親だ。
「顔」には、そうした自分のスタイルが、最も端的に表れる。
自分自身を的確に表現するという意味でも、やはり「顔」は重要なポイントである。

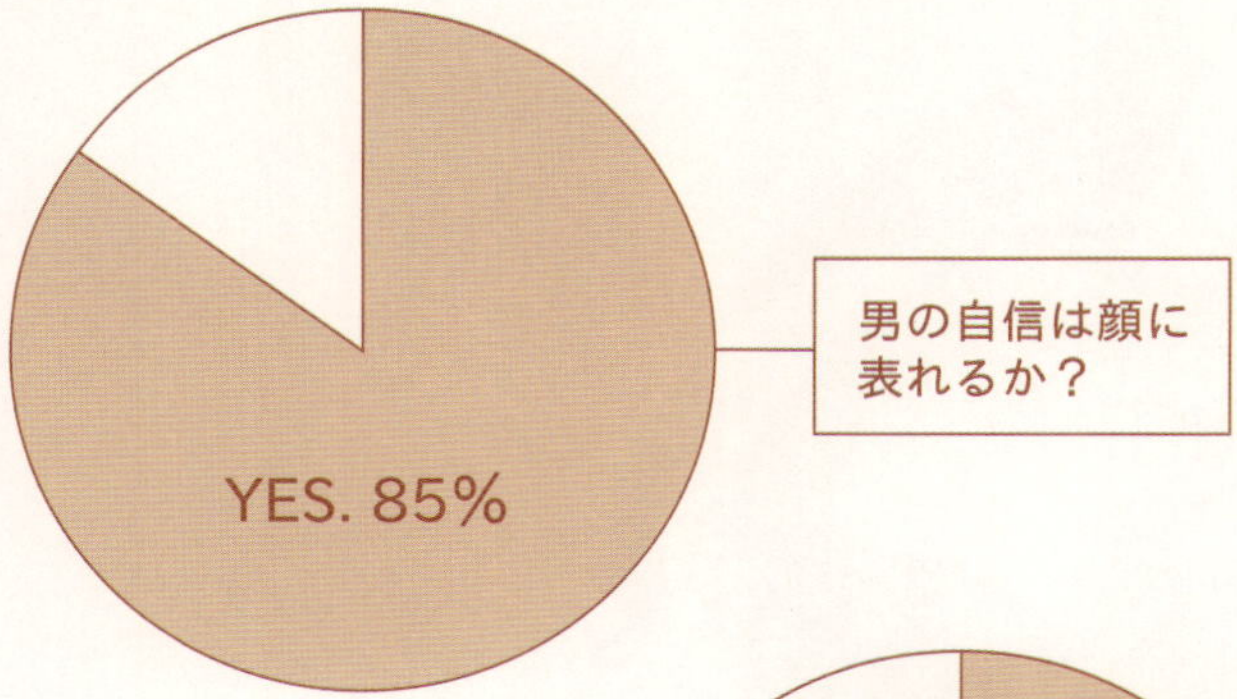

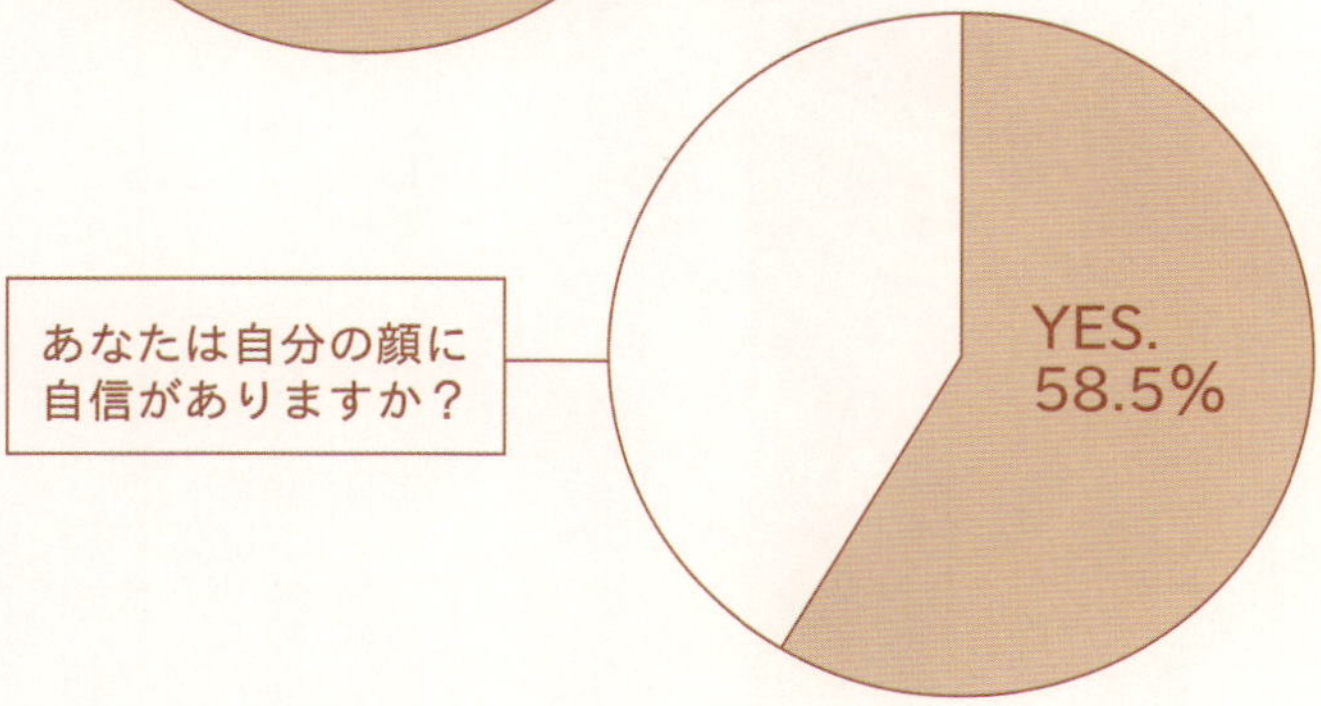

※資生堂調べ「日本人男性の外見に関する意識と行動に関する調査」より

STEP 1

不要な汚れを落とす洗顔ステップ

シセイドウ メン
クレンジングフォーム

肌を清潔に保ち、素の顔を取り戻す洗顔フォーム。
シェービングフォームとしても使える。
価格：2,100円（税込）

STEP 2

肌のバリア機能を保ち、活発な肌をめざすステップ

シセイドウ メン
トーニングローション

皮脂によるべたつきや肌ダメージを防ぎ、
毛穴を引き締めるローション。
価格：3,150円（税込）

個別の肌トラブルに応じたスペシャルケア

**シセイドウ メン
トータル
リバイタライザー**

活気のない顔に明るさと
はりを保つ高機能クリーム。
価格:7,350円(税込)

**シセイドウ メン
アイスーザー**

疲れが表れやすい
目元をリフレッシュする
ジェル状美容液。
価格:4,200円(税込)

**シセイドウ メン
アンチシャイン
リフレッシャー**

額や小鼻、あごなどの
べたつきやテカリを
長時間防ぐ美容液。
価格:3,675円(税込)

**シセイドウ メン
ディープ
クレンジングスクラブ**

肌の汚れ、顔をくすませる
原因となる古い
角質を取り除く洗顔料。
価格:2,625円(税込)

**シセイドウ メン
オードトワレ**

つけた瞬間は破竹の香り。
やがて、心をなごませる
檜の香りが表れる、男の
ためのフレグランス。
価格:5,775円(税込)

**シセイドウ メン
モイスチャーライジング
エマルジョン**

カサつく顔に十分な潤いを
補給する保湿液。
価格:3,675円(税込)

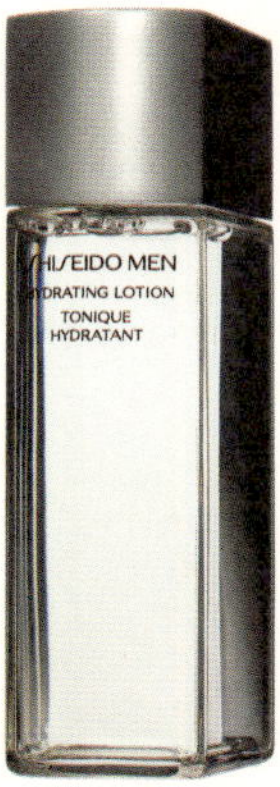

**シセイドウ メン
ハイドレーティング
ローション**

顔のべたつきとカサつきを
同時に防ぐローション。
価格:3,150円(税込)

シセイドウ メン　http://www.shiseido.co.jp/men/html/

カクテルが演出する父と子の記念日

父親が最後に教えてあげられること

多くの父親は、いつの日か、一人前に成長した自分の子どもと、一緒に酒が飲める日を夢見ている。子どもが男の子か女の子かに関係なく、いやどちらであっても、それぞれに違った感慨があるはずだ。

その日は、おそらくは子どもの成人祝いであるとともに、自身の子育ての終了記念日ともなるだろう。大人としての酒の飲み方が、いわば、父親として子どもに教えてあげられる最後のことになる。

その最初の一杯として何を選ぶかは、酒の道の先輩である父親の腕の見せ所である。ビールやワインも悪くはないが、記念の日にしては少し平凡かもしれない。

その一杯にいろいろな思いをこめたいなら、たとえばカクテルという選択もある。落ち着いたホテルのバーでオリジナルのカクテルを作ってもらい、まるで恋人のように娘と乾杯する光景を、いまから思い描いている父親も多いのではないだろうか。

戸棚のシェーカーを引っ張り出そう

いま子どもが小学生ぐらいだとしたら、子育ての終了記念日を迎えるのはまだまだ先のことだ（とはいえ、その時間はおそらくあっという間に過ぎ去っていくのだろうが）。それまでは、もちろん、アルコールの入った飲み物を飲ませるわけにはいかない。

しかし、ノンアルコールのカクテルであれば、子どもであっても飲ませてあげることができる。子どもをバーに連れていくわけにはいかないが、簡単なものなら、父親が自分で作ることも可能だ。

統計をとったわけではないが、シェーカーなどのカクテル用品を持っている男性は、実は意外と多い。もちろんバースプーン、メジャーカップなどもセットで持っているし、各種のリキュール類も揃えている。男には割とそういったものにはまる時期があって、しかもあまり長続きしない。シェーカーやリキュールも、結局、飾り戸棚のインテリアと化してしまうケースがほとんどのようだ。

たとえば、何かのお祝いごとや、ちょっとしたホームパーティーのときなどに、これらを引っ張り出して、見た目にも華やかな飲み物を作ってみるというのはどうだろうか。みんなの前でシェーカーを振る、というのも、パーティーではなかなかの演出である。

ノンアルコールが注目される理由

ノンアルコールカクテルが最近注目を集めている背景には、ノンアルコールビール人気と同様、道交法改正で飲酒運転の罰則が厳しくなったということもあるが、若い人たちの飲酒スタイルの変化も大きいようだ。

あまり強い酒が好まれなくなり、チューハイのような清涼飲料水に近い飲み物を好む若者が増えた。アルコール自体、付き合いで無理して飲もうとはせず、飲み会でもマイペースでウーロン茶などを飲んでいる人も多い。

ただ、いかにもソフトドリンクを飲んでいるという風情では、酒席の中で浮いてしまうし、酒を飲んでいる側も気兼ねしてしまう。

その点、ノンアルコールカクテルであれば、アルコールが入っていないというだけで、見た目はあくまでもカクテル。場の空気にもなじむし、テーブルでグラスに注ぐなど演出効果も高いので、それ自体が酒席の話題となりやすい。

バーや居酒屋などで提供しているノンアルコールカクテルの種類も、ここのところ増加する傾向にあるようだ。それだけ、さまざまな素材を使った、ノンアルコールカクテルのバリエーションも生まれていることになる。

誕生日にはオリジナルカクテルを

父親がオリジナルのノンアルコールカクテルを作る際のポイントについて、京王プラザホテル内のバー「ブリアン」店長の渡辺一也氏は語る。

「まずベースとなる味わいを一つ決めてください。そしてそれに、好みに応じてシロップや酸味、発泡性の飲み物などを足していく、というのが基本です」

自分なりのカクテルが作れるようになったら、毎年、子どもの誕生日にはオリジナルのカクテルを作ってみるのもいいだろう。

そして、二十回目の誕生日、初めてそのカクテルの中に、アルコールを混ぜてみる。それが、大切な記念日の、最高の演出となるに違いない。

大切な日の飲み物

ここでは、プロのバーテンダーが作る、見た目も味わいも華やかな
ノンアルコールカクテルをいくつか紹介する。
カクテルに凝った経験があり、シェーカーなどの道具も持っている父親は、
何かの機会に子どもに作ってあげるのもいいだろう。

カクテルの基礎知識

★カクテルの作り方には、大きく分けて、「シェーク」「ステア」「ビルド」といった種類がある。「シェーク」は、シェーカーにすべての材料と氷を入れ、シェークする（振ることによってかき混ぜる）技法。振り方のコツは、「8の字に振るとか、そんなに難しく考える必要はありません。前後に振れば手首のスナップが利くので、それで十分です」（京王プラザホテル内バー「ブリアン」店長・渡辺氏）。「ステア」は、ミキシンググラスに材料と氷を入れ、バースプーンでかき混ぜる技法である。また、「ビルド」は、グラスに直接各材料を注いでいくもの。混ぜるのか、あるいは積み重ねて見せるのかという目的に応じて、正しい順番で注いでいく必要がある。

ローズティージュレップ

［材料］

ローズシロップ	30ml
レモンジュース	10ml
アイスティー	適量
ミントの葉	5枚

［作り方］

クラッシュアイスとともに材料を入れ、ステアする。
ミントの味わいが刺激的。

アップルビター

[材料]

リンゴジュース	45ml
トニックウォーター	full up
グレナディンシロップ	1tsp

[作り方]

氷を入れたグラスにシロップ以外の材料を入れ、軽くステア。グレナディンシロップを静かに沈める。リンゴ味に少し苦味を加えた大人の味わいが特徴。なお、「full up」はグラスを満たす程度の適量。「tsp」はティースプーンで測った量のこと。

マンゴラッシー

[材料]

マンゴジュース	60ml
ヨーグルト	30ml

[作り方]

氷を入れたワイングラスにマンゴジュースを注ぎ、ヨーグルトを静かに落とす。
ミントの葉を飾り、ストローを2本挿す。

シンデレラ

[材料]

オレンジジュース	30ml
レモンジュース	30ml
パイナップルジュース	30ml

[作り方]

シェークし、ソーサー型シャンパングラスに注ぐ。

京王プラザホテル　http://www.keioplaza.co.jp/

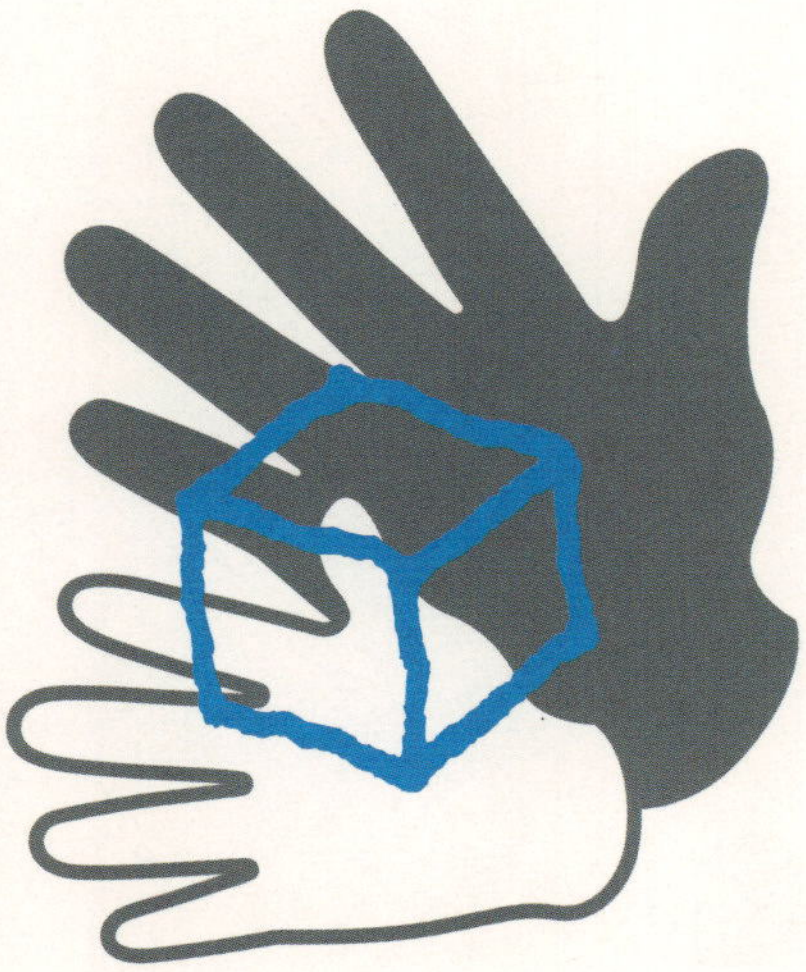

Dad-Garage
INTERVIEW

子どもは、お父さんと一緒に何かすること自体が楽しい

社会福祉法人みどり会 きらら保育園 主任保育士
溝脇しのぶ

こどもと向き合って、悪戦苦闘している状態が子育て

サークルてのひら島 代表
廣田修

子どもとの「ゆっくりした時間」を大切に

社会福祉法人みどり会　きらら保育園　主任保育士
溝脇しのぶ

一歩引いて見守ることがお父さんの役目

夫婦というのは、お互いに相手を尊重し、相手の生き方を支え合う、というのが基本ですよね。

子育てに関していうと、役割としてはやはりお母さんが主で、お父さんは従、ということになるのではないでしょうか。家庭の事情や場面にもよるでしょうが、一般的には、子どもと接する時間の長さからいっても、子育ての主役はお母さんで、お父さんはそれをバックアップする役割だと思います。

そういう意味で、今、お父さんがお母さん化しているように思えるのが、少し気になっています。台所に入るお父さんが増えたとか、そういう表面的なことではなくて、お母さんと同じような視点でしか子どもを見られなくなっているのではないか、という気がするんですね。

たとえば、お母さんが子どもを叱っているときに、お父さんも同じように叱るのでは、子どもにとってはお母さんが二人いるのと同じことです。そういうときには、お父さんは一歩引いて見守っていて、後で、「どうして怒られたのかよく考えてみようね」というように、子どもに対してやさしくフォローしてあげるのがいいのではないでしょうか。そういうお父さんの一言で、子どもも改めて自分の悪かったところに気づき、価値観を築いていくことができます。

お母さんというのは、ちょっとしたことで振り回されて、おろおろしてしまいがちな場合が多いんです。そんなときに、お父さんも一緒になっておろおろしていては駄目で、やはり父親は毅然としていてほしいと思いますね。

一歩引いて見守るためには、まずお母さんの子育てを理解し、認めることが必要です。でも、子育てに関して、お父さんとお母さんの意見が食い違うということも、きっとよくあるはずです。

子どもを持つと、自分自身の生育歴と向き合わなければならない場面が必ずあります。つまり、自分がどういう家庭に生まれ、どういうふうに育てられてきたかということですね。それは、お父さんとお母さんでは、当然、異なっています。そういう二人が結婚し、いざ自分が子どもを持ったとき、どういうふうに子育てをしていくかという方法論にも、違う部分が出てくるのは当たり前です。

どの家庭でも、多かれ少なかれ、そういうことはあるでしょう。それぞれのやり方がぶつかった場合には調整が必要になりますが、基本的に子育てに関しては、お父さんが一歩引いて、お母さんの生育歴に合わせていくのがいいと思っています。

男と女というのは、まず愛情と信頼関係があったからこそ、結婚して、お父さんとお母さんになったわけですよね。そして、お母さんは、お母さんの家庭で育てられたからこそ、お父さんが素敵だと思うような女性に成長した。その子育てのやり方が、お父さんの家庭の場合と違っていたとしても、やがてはお母さんのように素敵に育つことを信頼して、お母さんの子育てを後押ししてあげることが大事なのではないでしょうか。

お父さんが常にそういうメッセージを発していれば、お母さんも安心して子どもと関わっていくことができる。それでも間違えることはあるでしょうから、そういうときには見守っていたお父さんが、自分の生育歴を踏まえて手を差し伸べてあげる。そして、そういう部分については、お母さんもお父さんを信頼する。そういう関係がうまくできている夫婦だったらいいなと思います。

子育てが終わったら、また夫婦二人きりに戻るわけですよね。そのとき、夫婦の間に愛情と信頼関係がなかったら、悲劇だと思いませんか。

お父さんは子どもと
ゆっくり関わってほしい

お母さんとは違うお父さんの役割としては、たとえば、海や山の中へ入っていったり、子どもがちょっと冒険するような場面。子どもが山の中で虫を採ったり、自然を観察したりといったときに手伝ってあげるのは、やはりお父さんの役目だと思います。「冒険」というと男の子の専売特許のように思われがちですが、小さいうちは男の子も女の子も関係ありませんよ。

それから、子どもとゆっくり関わるようなことというのは、意外とお父さんのほうが合っている気がします。お母さんとの関わりというのは、子どもにとっては日常ですから、結構あわただしかったりする。お父さんと触れ合えるのは休日だとかが多いでしょうから、その意味でもゆっくりと関われますよね。

私自身のことをいうと、小さい頃は「お父さんのメニュー」というのがありました。昔の父親なのに、結構台所に入る人だったんです。子どもにもいろいろと手伝わせながら、餃子やうどんやお汁粉を作ってくれました。母親は母親なりに、忙しい中でいろいろと手伝わせてくれたのですが、やはり父親のほうがゆっくりと関わってくれていたという感じで、より深く思い出に残っています。

私の子どもはもう大きくなって、結婚して孫もいるんですが、子どもが小さい頃は、私の夫と子どもとの関わり方も、どこかゆっくりしたものだったような気がします。母親と子どもにはない、父子の時間の流れというものを感じて、うらやましく思ったりもしました。

子どもはお父さんに向き合ってもらいたがっている

　子どもは、やっぱり、お父さんに遊んでもらいたい、かまってもらいたいと思っているんですよ。お母さんに比べたら、日常的に足りない時間があるわけですから。

　私の父親の場合は料理でしたが、何でもいいんです。お父さんの好きなことや、得意なもので。釣りが好きなお父さんだったら釣りに連れていってもいいし、庭いじりを手伝わせてもいい。

　そういう意味では、今のお父さん、お母さんって、子どもを喜ばせようとして、子どもの顔色をうかがい過ぎてるんじゃないかな。特別な時間、特別な日を作ろうとし過ぎていると思いますね。だから、毎週休みの日には、どこかに連れていかなければならないものと思い込んでいる。

　でも、毎週毎週、遊園地とかに連れていくのは疲れるし、お金もかかりますよね。親にしてみれば、連れていってあげることで、子どもと遊んであげたような気分になる。親のほうが、「今日はこれをしてあげた」といえるものをほしがっているようにも思えます。

　別に、無理してどこかに連れていかなくてもいいんですよ。子どもにすれば、お父さんと一緒に何かするということ自体が大切なんだから。

　それこそ、散歩でもいいと思う。たとえば日曜日の朝、寝坊せずに普通に起きて、お母さんが朝ごはんを作っている間に、ちょっとその辺を一緒に歩いてくるとか。いつも歩いている道でも、お母さんとではなくお父さんと一緒に歩くことで、子どもにとってもきっと何か新しい発見があるはずです。

子どもの時間はゆっくりと流れている

　子どもの時間って、本当にゆっくり流れているんですよ。だけど親って、子どもが何もしていないと、すぐ「退屈してるんじゃないか」と思ってしまう。自分が生まれたときからテレビやビデオ、ゲームなんかが身近にあるから、つい子どももそういったものに向かわせてしまうんですね。その結果、手を動かして何かを作るといった大切なことが忘れられてしまうような気がします。

　別に、テレビやゲームに向かっていなくても、十分、半日でも一日でも過ごせるんです。うちの中で、あっちでお父さんが、こっちでお母さんがそれぞれ本を読んでいて、子どもも絵本を読んでいる、なんていう時間の過ごし方も素敵じゃないですか。

　それから、私の場合、夜、寝かせつけてくれるのは、母親ではなく父親でした。父が昔話や創作のお話などをしてくれ、それを聞きながら眠りにつくのが日課になっていました。そういう父親とのちょっとした時間というのが、子どもにとってはいつまでも深く記憶に残ったりするものです。たとえば頬をすり合わせたときのひげの感触とか、あぐらをかいたひざにすっぽりはまってしまう抱っこなんていうのも、すごく懐かしい思い出になるんじゃないかな。

工夫次第で遊び方はいくらでもある

　今の若い先生もそうなんですけど、たとえば何もない公園にいくと、何をして遊べばいいのかわからないことが多いんですね。生まれたときから大きな遊園地があって、何かに「遊んでもらう」のが当たり前になっているから、自分で工夫して遊ぶということができない。

　でも、私たちの世代だと何も

ないのが当たり前だったから、遊び方なんて、工夫次第でいくらでもあるっていうことを知っている。線を二本引いて、両側から走ってきて、ぶつかったところでじゃんけんしたりとか、できるだけゆっくり歩く競争をするとか。そういう発想ができたり、遊びの引き出しをたくさん持つということも、大事なことなんじゃないでしょうか。

一方で、私たちの世代というのは、封建的な親に育てられた世代で、しつけも厳しかったんですね。その反動があって、自分の子どもはもっと優しく、友達のように育てたいと思う人が多かった。でもそれも少し中途半端じゃなかったかと思うんです。封建的ではだめだとわかっているから、もっと子どもとわかり合おうと心がけて育ててたんだけど、それが、子どもを甘やかすような結果になってしまった。そうして育てられたのが、今の親の世代ですね。

そういう今のお父さん、お母さんを見ていると、子どもに対して毅然ともできず、子どもに迎合し、振り回されている親が多いような印象を受けます。甘やかされて育っているので、自分自身わがままなところがあって、あまり我慢ができない。そのせいか、今の子どもも、昔に比べてちょっと落ち着かない感じで、自分中心の子が増えた気がします。

子どもにはきちんとした言葉で話してほしい

それから、特に今の若い親御さんたちに考え直して欲しいことは、言葉遣いですね。

お父さんもお母さんも、「お前〇〇しろよ」みたいな、友達同士で言い合うような乱暴な言葉を、子どもに対して平気で使っている。どうして子どもに向かってあんな話し方ができるんだろうって思ってしまいます。喋る速さも、テレビの影響もあると思うんですが、子どもに対しては速すぎる気がします。そういうとき、子どもはさもわかっているように振る舞うけど、実際には聞き取れてなくて、本当はわかっていないことも多いんです。

それから、温かみのある言葉がどんどんなくなって、一言だけで言い捨ててしまうような、冷たいものの言い方が増えてきたような気がします。ばか丁寧な言葉を使う必要は全然ないけれど、温かみのある言葉をたくさん使ってあげて欲しいと思います。

自分の言葉遣いに自信がなかったら、優しい気持ちになれる本がたくさん出ていますので、読んであげるのもいいことなのではないでしょうか。

溝脇先生がすすめる「優しい気持ちになれる本」

「つきのよるに」
いもとようこ／作
岩崎書店
定価1,365円（税込）

「ラヴ・ユー・フォーエバー」
ロバート・マンチ／作
梅田俊作／絵　乃木りか／訳
岩崎書店　定価1,200円（税込）
●音楽ミニCD付
伊藤康英／作曲　江原陽子／うた
定価2,520円（税込）

本物の体験が こどもと親を変えていく

サークルてのひら島代表
(株)フジタ勤務／環境省登録環境カウンセラー／保育士
廣田修

PTA活動から始まった「環境保育」――てのひら島

てのひら島の活動を始めたのは一九九六年からで、最初はPTAの学級委員会のメンバーでスタートしました。

一番上のこどもが小学一年生になったときに、妻にやれといわれて(笑)、まずは学級委員になったんです。

この学級委員会の行事に「先生との懇談会」があったのですが、年に一度ではなく、何か困ったときにみんなで話し合えるような場を設けたいということで、てのひら島を始めました。

ですから当初は、こども向けというより、親向けの懇談会のような活動が中心でした。

話し合う内容も、最初はいじめや障害の問題といった大きなテーマが主でしたが、もっと身近にも自分たちが向き合うべき問題があるんじゃないかと。たとえば学校の本のこととか、そういう小さな話題でも、みんなで定期的に集まって、議論をするという形になってきたんです。

そうした中から、こどもたちに本物の体験をさせたいといった話が出てきて、いろいろな場所に出かけていくような活動が始まりました。

現在は、懇談会が一学期に一度ぐらい、親子での体験活動が一ヵ月半に一度ぐらい、といったペースでやっています。

てのひら島については、よく「楽しく遊ばせてくれるところですよね」とか「野外活動をさせてくれるところですよね」、「化石を掘ったり科学的なことをやっているところですよね」といった質問をされます。私は、どの質問にも「いいえ、違います」と答えています。

ここではものは教えません。ここは、時間と場所と材料を準備して、それにこどもをどっぷりとつからせてあげるところです。何かを見つけると、こどもは動きが変わってきて、「ことば」を発するようになるんです。

こういう活動を表す言葉はこれまでなかったんですが、私は「環境保育」と呼んでいます。

昔と変わったのはこどもよりも親

始めた当初と比べて、参加するこどもたちというのは、昔も今も変わっていません。時代とともに変わってきたのは、むしろ親（おとな）のほうですね。

いい面を言うと、あまりこだわらなくなって、お父さんも積極的に参加してくれるようになった。その反面、あまりものを考えずに行動する親も増えている気がします。学校全体を見ると、親同士のトラブルも増えていますね。

それと、野外活動の経験のないおとなも、最近は多いです。私たちぐらいの世代だと、何かしら、外遊び的なことはしたと思うんですよ。でも、今の小学校低学年のこどもの親ぐらいだと、私たちとは約一回りも違ったりするので、全然やったことのない人も結構います。

たとえば、海で磯遊びをしたときのこと。磯は初めてというお母さんのすぐそばで、こどもが自分の背ぐらいの深みに足を取られたんです。ほんの五十センチしか離れていなかったんですけど、お母さんが固まっちゃって、手が出ないんですね。

磯ではよくあることで、そのときは私が近くにいて、慌てずに近づきました。お母さんは、「服が濡れちゃうので」と言っていましたが、もちろん本当にそう思っていたわけではありません。初めてのことなので動転してしまったのでしょう。そんな感じで、若いお父さん、お母さんとの「体験の違い」にはとまどうことも多いです。

とりあえず食べてみる

最近はお父さんが増えたと言いましたが、十年前は、私以外は本当にお母さんばかりだったんです。まあ、今でも、お母さんが大部分ではあるんですが。

参加者はお客さんではないので、たとえば雨が降ったときに備えて、雨用のプログラムを用意しておく、といったことは一切ありません。雨が降ったら雨の中でやる。真っ黒になった場合は、真っ黒なままで帰ることもあります。

ですが私たちは参加者の力に合わせて素材を準備し、それにぶつかってもらうんです。野外で出会ったものは、遠巻きに眺めるだけじゃなくて、自分の手で触ってもらう。蛍などは、「そっとしておこうね」という指導の仕方をする人が多いんですが、ひっくり返して裏側を見てみたり。

それから、食べられるものは食べてみる。食べるということは、この活動の中でも結構よくやっています。食べたものというのは、つながるんですよ。自分でとったもの自分で拾ったもの、それを食べたという思い出は、絶対にいつまでも残っています。

野外に出かけていくときに、図鑑を持っていったりはしません。木の名前を教えるわけでもない。ただ、植物を見て、これは食べられるとか食べられないということは教える。海へいったら、岩にへばりついている貝のようなものを食べてみたりもします。

「食用」ではないものを、あえて食べてみるということもやります。まずくて食べられなかったというのも、やはり一つの経験ですから。

こういう経験を通して、命というものが実感できると思うんですよ。そのときはわからないんだけど、たぶん何十年かたった後で、意味がわかってくるのではないでしょうか。

「お父さんの会」にはしたくない

こういう活動をしていて、お父さんのための会にしたらどうかということはよく言われます。実際、あちこちのPTAでも、「お父さんの会」みたいなのは結構あるんですよ。ただ、私としては、誰が参加してもいい会にしたかったので、そういうふうにはしませんでした。

とはいえ、お父さんとお母さんの違いというのはやっぱりあるんです。たとえば「泥けい」っていう遊びがありますよね。泥棒と警官の追いかけっこ。こういう遊びにお父さんが参加すると、こどもも大声を上げてはしゃぐんです。やっぱりお父さんのほうが体力があって、この手の遊びでは、一緒に遊んでいても面白いですから。

こういう違いはやはり歴然としてあるんですが、反対にお母さんが持っていてお父さんが持っていないものもあります。まあ、お父さんでも遊びは苦手な人はいるわけですから、こういうのはお父さんとお母さんの違いというより、一人ひとりの持ち味の違いということかもしれません。

こういう活動にお父さんが出てくるのは、お父さん本人にとってもいいことだと思うんです。私は会社では環境関連の仕事をやっているんですが、市民活動について、一緒に仕事をしている人にいろいろと提案したんです。そうしたら、その人は環境ビジネスのことが頭にあったので、「私は企業の人間なので市民のことはわかりません」と(笑)。自分は市民じゃない、と言うんですよ。

一方で、こういうサークルに参加している人とは、どんな話題でも話せる気がします。政治問題や社会問題のような、会社の中では絶対にしない種類の話題についても。そういう人というのは、いろいろな問題について、自分なりの考えや答えを持とうとするので、話をすることができるんですよ。

こどもに「応え」を伝えること

こどもにこういう体験をさせるということは、学校や塾では難しい。やはり親、家庭の役割だと思います。つまり、このサークルというのは、家庭の、自分の四人の子育ての延長線にあるものなんです。子育てというのは、専門家がやるものではなく、親がやるものですから。

親として、伝えたいことをこどもに伝えるということが大事なんです。やり方はへたでもかまわない。一番大事なことは、こどもと向き合って、こどもにこたえをあげることです。

ここでいう「こたえ」は、正しい「答え」ではなくて、「応え」です。それをしないと、こどもはどんどん離れていきます。それが間違っていてもいいんですよ。親が自分自身でこたえを見つけて、それをこどもに伝えること。失敗も含めて、いろいろなことを試してみることが大事

だと思っています。

今、価値観が多様化しているといわれていますよね。本当のところ、価値観は多様化しているのではなく、なくなってしまったと思うんです。価値観はほとんど一本化されてしまって、選択肢や要望が増えただけ。

価値観を育てることはとても大変で、これがたぶん保育の目的でもあると思います。自分なりの生き方やものの考え方を持ち、自分の考えで動くことができる。価値観を持っている人同士というのは、その価値観がお互いに違っていても、相手の言うことを認め合うことができる。価値観が一つしかないと、それができないんですね。

親と一緒に何かすることがうれしい

子育てというのは、何かモデルや正解があるわけじゃなくて、こどもと向き合って、悪戦苦闘している状態が子育てなんですよ。こどもと対話することが大切で、その対話の形は、言葉じゃなくても、何でもいいんです。たとえば、キャッチボールでもいいし、あるいはけんかでもいいかもしれない。

以前、親子で「インタビュー合戦」というのをしたことがあるんですが、そこで、こどもが一番親に望んでいるもの、うれしかったことは何かと聞いたら、必ず「親が一緒に○○してくれたこと」という答えなんですね。その具体的な内容は、もちろんそれぞれ違うんですが。

何かを買ってもらったことかとか、遊園地に連れていってもらったということではなくて、ひょっとして拍子抜けした親もいたかもしれません。そういうことよりも、親と子が一緒にいる時間を共有するということ自体が大切なんですね。

もちろん、そういう何か特別なことというのも、やってはいけないというわけではありません。でも、それがイベントである限りは、やはり単なるイベント、非日常なんですよ。

子育てというのは、イベントではなくて毎日の暮らしなんです。要するに、お父さんがどれだけ生活に参加しているかが、問われることになります。こどもと一緒にやることは、別に何でもいいんですよ。夏休みの自由研究でもいいし、庭の草取りでもいい。お父さんが何か得意なことがあるなら、それをこどもと一緒にやってもいい。

ただし、あまり楽しいことばかりやってると、今度はお母さんが怒り出す危険はありますけど(笑)。子育ては生活ですから、やはりいいとこ取りばかりでもだめなんですよ。

サークルてのひら島の活動例

ほたると遊ぶ会	森の中に入り、蛍と触れ合う。手のひらに乗った蛍をひっくり返してみたりもする。	化石を探そう 15万年海岸	15万年前は海岸だった場所を掘って、化石を探す。
野塾	森や山に入り、泥けいをして遊んだり、野草を素揚げにして食べる。秋にはどんぐりごはん。	星めぐり	校庭で季節の星座をめぐり、望遠鏡で惑星や彗星を探してみる。
土と遊ぼう	土器の野焼き。炭を使って校庭で土を真っ赤に焼く。もちろん落ち葉で焼きいもも。	大しおの海を食べる	えものがなければごはんだけ。うにや貝など、食べられるものを探す。

ゆびずもうのすゝめ

私がまだ小学生の低学年の頃、世の中は、高度成長時代だった。
父は、多くのサラリーマンと同じように、モーレツ社員として働いていた。
朝は私が起きだした頃に家を出て、夜は私が夢の中にいる頃に帰ってきていた。
いまのように、土日が休みということはなく、週休一日制だった。
だからこそ、父親と遊びたい盛りの私は、日曜日が待ち遠しかった。

日曜日の朝は、特別だった。
台所に立つ母が朝食の仕度をする間、
私は日頃ゆっくりと接することのできない父との時間を楽しんだ。
ある時は、朝刊にはさまれていた折込チラシで、紙飛行機を折ってもらった。
いくつも、いくつも、作ってもらい、部屋中に飛ばした。
ある時は、腕相撲をした。負けても負けても、もう一回、と挑んだ。
そして、ある時は足相撲をした。とにかくスネが痛かった。
そんな中で、私が好きだったのが、ゆびずもうだ。
倍以上もある、まるでそそり立っているかのような父の大きな親指に挑戦する。
ちょこまかと親指を動かし、父の親指に触れては逃げ、逃げながらも勝機を伺う。
勝ち負けもそうだが、その駆け引きが楽しかった。そう記憶している。

月日は流れ、自分に子どもが生まれ、その子も日一日と成長してきた。
ある時、ゆびずもうを思い出した。娘と初めてゆびずもうに興じた。
娘の小さな手が私の手をしっかりとつかんでいる。
娘の小さな親指が、私の大きな親指に挑んでくる。

その小さな親指をせっせと動かし、私の親指を
押さえ込もうとする。やはり、勝ち負けではない。
その駆け引き、コミュニケーションを楽しんでいた。

ゆびずもうは、小さな子どもから楽しめる。
家でも、電車の中でも、
思いついたときに、気軽に楽しめる。
子どもとのコミュニケーションを
どうしたらいいだろう、子どもに何をしてあげよう。
そんなことを考えたときには、ひとまず、
ゆびずもうはいかがだろう。
思っていた以上に、子どもの目が輝きだす。
自分自身も、次第にノッテくることがわかる。
子どもはかならず、もう一回、とせがむ。父親を求めてくるのだ。

父親と子どもの最も身近なコミュニケーションのひとつとして、ゆびずもうをすすめたい。

ふとした時に「ゆびずもうしようか?」と声をかけてみてほしい。

ほんの短い時間だが、どこにでもあるような風景だが、そこには父と子ならではの
かけがえのない時間が生まれるはずだ。

私自身、父と楽しんだゆびずもうを三十年以上経った今でも覚えているのだから、まちがいない。

それに、親指は、「お父さんゆび」とも呼ぶではないか。

ダッドガレージ代表　山本秀行

※「ダッドガレージ」では、『父の日には、ゆびずもう!』を推進しています。

あとがき

アメリカでは、父親が子どもに伝えたい三つのこと、というのがあるらしい。

ずいぶんと昔に目にしたので、記憶は定かでないが、私なりに次のように解釈している。

子どもに伝えたいことの一つ目は「火を起こすこと」。暖をとり、調理をし、月のない夜も明るく灯し、野生動物から身を守る。人類が手にした道具、火の大切さを伝えたいのだろう。

二つ目は、「釣り」である。食物を手にする苦労、知恵、そして命を喰らって我々が生きていることを教えられる。

そして、いかにもアメリカらしいのだが、三つ目は「キャッチボール」である。キャッチボールは、スポーツであるが競争ではない。相手の力量に合わせ、スピードを加減し、取りやすい位置にボールを投げ合う。これは、相手を思いやることの大切さ、コミュニケーションの原点として捉えられているのではないだろうか。

さて、さまざまな問題を抱え、不透明な未来に不安をぬぐえない時代。ビジネスマンであり父親である私たちは、子どもたちに何を伝えられるのだろうか。何を伝えなければならないのだろうか。そんな思いを抱えながら、私は「子育て父さんの幸せ研究所・Dad-Garage」を立ち上げ、本書『Dad-Garage Style Book』を企画した。

その企画に最初にご賛同いただき、ご協力をいただいたのが、㈱タカラ取締役会長の佐藤慶太氏である。佐藤氏には、お忙しい中、私との対談のお時間もつくっていただいた。佐藤氏との出会い、そしてご協力がなければ、本書『Dad-Garage Style Book』は世に出ることはなかった。

そして、佐藤氏同様、ビジネスマンとして多忙を極める中、ワタミ㈱代表取締役・渡邉美樹氏、㈱海洋堂代表取締役・宮脇修一氏、㈱博品館代表取締役専務・伊藤博之氏、㈱日能研代表・高木幹夫氏、オテル・ドゥ・ミクニ オーナーシェフ・三國清三氏からは、それぞれユニークで魅力的な子育て論および子育てとリンクしたビジネスのお話をお聞かせいただいた。私自身、父としてまたビジネスマンとして、どれも心に感じるものであった。読者の方々にも、その真意が伝わることと思う。

きらら保育園主任保育士・溝脇しのぶ氏には、父親としての基本的な心構えとなる貴重なお話をいただいた。長年に渡り、子育てサークルを主催されているサークルてのひら島・廣田修氏には、子どもと共に体験するすばらしさを学んだ。

また、主旨にご賛同いただいた数多くの企業、団体のご協力のもと、たくさんの実りある取材をさせていただくことができた。

本書は、多くの方々のご協力をいただき出版に至った。すべての取材にご同行いただき、原稿・編集に携わっていただいた土屋和人氏。インタビュー取材の撮影をお願いした、金子正明氏、湯本恵子氏。

本書の意図をくみ素晴らしいデザインに仕上げていただいた、烏頭尾秀章氏、湯川愛子氏。出版にあたり、さまざまな視点からアドバイスをいただいた英治出版代表取締役・原田英治氏、出版プロデューサー・秋元麻希氏。そして、幼少の頃から私に男親としての姿を見せてくれた父。父と同様、私に大いなる愛情をそそいでくれた母。本書を制作するにあたり常に私をサポートし、母親の立場から子育てに対する貴重な意見を投げかけてくれた妻、そして屈託のない笑顔と共に日々私に父親である幸せを与えてくれる娘。本書の企画・編集、出版にあたり、お世話になったすべての方に、あらためて感謝を申し上げたい。

本書を通じ、私と同世代の父親であるあなたと出会えたことをうれしく思う。そして、そのことに感謝したい。次回、「ダッドガレージ」のイベント、交流会等で出会える日を楽しみにしたい。

『Dad-Garage Style Book』
編集人
Dad-Garage代表
山本秀行

本書制作のための取材にご協力いただきましたことを感謝いたします。

(有) アキコーポレーション
伊藤博之／(株) 博品館
(株) ウイング
(株) エー・ジー
(株) 学習研究社
キヤノン販売 (株)
(株) 京王エージェンシー
(株) 京王プラザホテル
(株) ケンコー
コールマンジャパン (株)
佐藤慶太／(株) タカラ
(株) 資生堂
ジャイブ (株)
(株) ソニー・ピクチャーズ エンタテインメント
ダイワ精工 (株)
高木幹夫／(株) 日能研
(NPO) 日本インドアペタンク協会
(NPO) 日本プールスポーツ連盟
ハワイ州観光局
廣田修／サークルてのひら島
(株) VAインターナショナル
三國清三／(株) ソシエテミクニ
溝脇しのぶ／社会福祉法人みどり会きらら保育園
宮脇修一／(株) 海洋堂
ヤマハ (株)
(株) ロボット科学教育
渡邉美樹／ワタミ (株)

(五十音順・敬称略)

Dad-Garage Style Book ［ダッドガレージ スタイルブック］
ビジネスマンのための子育てガイド

発行日　2005年4月26日　初版　第1刷　発行

編著者　山本秀行（やまもと・ひでゆき）

発行人　原田英治
発　行　英治出版
〒150-0022 東京都渋谷区恵比寿南1-9-12 ピトレスクビル4F
TEL:03-5773-0193 FAX:03-5773-0194
URL http://www.eijipress.co.jp/

印　刷　中央精版印刷株式会社
アートディレクション　烏頭尾秀章［alaka graphis］
デザイン　湯川愛子［alaka graphis］
編集協力　土屋和人
撮　影　金子正明　湯本恵子
企画協力　株式会社タカラ

出版プロデューサー：秋元麻希
スタッフ：原田涼子　鬼頭穣　深澤友紀子

企画・プロデュース　有限会社プラントライブ

［検印廃止］　ISBN4-901234-65-X C0030

本書中で紹介されている製品・サービス等の価格は、本書初版第1刷が刊行された2005年4月現在のものであり、その後、変更されている場合があります。

プロフィール

山本秀行　Hideyuki Yamamoto

コピーライター、クリエイティブディレクター、マーケティングプランナーとして、広告代理店に勤務。朝日広告賞、毎日広告賞など、数多くの広告賞を受賞。また、作詞家として、稲垣潤一、細川たかし等に作品を提供する他、NHK「みんなのうた」「忍たま乱太郎」等の子ども向けテレビ番組、CMソングの作詞を手がける。2002年、独立し、有限会社プラントライブを設立。

2004年、「子育て父さんの幸せ研究所／Dad-Garage」の活動を開始。HPアドレスは、www.dad-garage.com

●著者へのご意見やご感想をお送りになる方は、下記まで。
contact@plantribe.com